KB242737

대화가 서툰 어른을 의한 말하기 수업

대화가 서툰

어른을 위한 말하기 수업

보이스무드 지음

비즈니스북스

대화가 서툰 어른을 위한 말하기 수업

1판 1쇄 인쇄 2026년 4월 14일
1판 1쇄 발행 2026년 4월 20일

지은이 | 보이스무드
발행인 | 홍영태
편집인 | 김미란
발행처 | (주)비즈니스북스
등   록 | 제2000-000225호(2000년 2월 28일)
주   소 | 03991 서울시 마포구 월드컵북로6길 3 이노베이스빌딩 7층
전   화 | (02)338-9449
팩   스 | (02)338-6543
대표메일 | bb@businessbooks.co.kr
홈페이지 | http://www.businessbooks.co.kr
블로그 | http://blog.naver.com/biz_books
페이스북 | thebizbooks
인스타그램 | bizbooks_kr
ISBN 979-11-6254-473-0   03190

어른이 되어도 관계가 어려운 우리,
느린 대화 연습을 시작합니다

하루이틀에 한 번쯤은 부모님과 전화 통화를 합니다. 어떻게 지내셨는지 간단히 안부를 묻고 그날의 소소한 일상을 나누며 서로의 평안을 확인하기 위해서인데요. 가끔은 습관적으로 전화를 걸기도 합니다. 그리고 예전처럼 자주 만나기 어려워진 학창 시절 친구들과도 틈이 날 때마다 전화 통화를 하죠. 시시콜콜한 주제로 이야기를 나누다 웃음을 터뜨리기도 하고, 오래된 친구끼리만 공유할 수 있는 고민을 털어놓기도 합니다. SNS로는 채워지지 않는 소통의 갈증을 짧은 전화 통화로 해소하는 거죠.

그렇게 일상적인 통화를 마치고 나면 문득 이런 생각이 들곤 합니다. '아차! 이 얘기를 깜빡했네.' '아까 그 말은 굳이 하지 않아도 될 말이었나?' '혹시 그때 개인적인 감정이나 컨디션이 지나치게 드러난 건 아닐까?' 길지 않은 통화였음에도 가끔 후회나 찜찜함이 남곤 했습니다.

그러던 어느 날 문득 이런 생각을 했습니다. 만약 하루에 한 사람당 딱 한 번, 그것도 1분만 통화할 수 있다면 통화 내용은 어떻게 달라질까? 아마도 습관적으로 통화 버튼을 누르기 전에 먼저 말할 내용을 준비할 것 같습니다. 무엇이 궁금한지, 어떤 질문을 하고 싶은지, 내가 듣고 싶은 말은 무엇인지, 전하고 싶은 말은 무엇인지 미리 고민하겠죠. 통화가 연결된 후에는 긍정적인 말을 더 많이, 더 강조해서 하고 부정적인 말은 가능하면 하지 않으려고 노력하고요. 1분이라는 짧은 시간 동안 상대방과의 대화에 온전히 집중하며 더욱 정돈된 소통을 위해 노력할 겁니다.

스피치 강의를 하면서도 늘 풀리지 않는 고민이 있었습니다. '대체 좋은 목소리, 좋은 말하기란 무엇일까?'라는 고민입니다. 하지만 목소리와 말투, 말하기는 명확히 정량화하기가 어렵습니다. 또 이미 답안지가 있는 문제지처럼 90점, 100점 점수를 매길 수도 없고요. 그렇게 보면 내가 정말 원하는 목소리로 말하는 것 그리고 대화를 마친 후 후회가 덜 남는 말하기가 좋은 스피치가 아닐까요?

스피치 강의를 하다 보면 많은 분이 "사람들 앞에서 발표할 때 너무 불안하고 떨려요.", "면접을 앞두면 긴장돼서 말을 제대로 할 수 없어요." 같은 고민을 털어놓곤 하는데요, 그럴 때마다 저는 이렇게 대답합니다. "저도 발표할 때는 항상 불안하고 떨려요." "저도 면접장에서는 긴장감에 위축되곤 해요."

만약 제가 뉴스 앵커처럼 완벽한 목소리와 안정된 발화 능력을 갖추었다면 긴장감이 사라질까요? 저는 그렇지 않다고 생각합니다. 중요한 건 긴장과 불안을 없애는 게 아닙니다. 오히려 그것을 숨기고 상대방이 알아차리지 못하게 말하는 것이 바로 좋은 말하기이자 스피치의 기술이기 때문입니다.

듣는 사람에게 맞춘 맞춤형 스피치, 상황에 따른 구조화된 말하기, 안정된 톤과 성량으로 신뢰감을 주는 발화 등 좋은 스피치를 설명하는 단어들은 무수히 많습니다. 모두 일리가 있고 맞는 말이지만 대부분 청자 중심의 기준입니다.

보이스무드는 청자의 입장에 더해 내 목소리와 내 말하기에 집중하고자 합니다. 나는 어떤 사람인지, 나는 어떤 일을 하고 있으며 앞으로 무엇을 이루고 싶은지 그리고 가장 중요하게는 내가 어떤 목소리를 가졌고 어떻게 말하고 싶은 사람인지. 그렇게 이제는 나 자신의 목소리와 말하기에 귀를 기울이며 함께 고민할 수 있는 시간을 만들어 보고 싶습니다.

다정한 말은 누군가의 곁에 오래 머뭅니다. 당신의 목소리와 말하기가 누군가의 곁에서 오래도록 머무르기를 바랍니다.

제1장
잘 들어 주는 것이 잘 말하는 것입니다

제2장
사실보다 중요한 건 공감입니다

제3장
대화에서 도망가지 말고 함께하세요

제5장
일터에서는 말 잘하는 것이 배려입니다

잘 들어 주는 것이
잘 말하는 것입니다

나의 말하기는 어디쯤 와 있을까?

좋은 대화는 나를 객관적으로 바라보는 것에서 시작됩니다. 아래의 체크리스트에서 나의 말하기 습관, 태도, 마음가짐을 확인해 보세요. 각 문항을 읽고 내게 해당한다고 생각되면 오른쪽 체크 박스에 체크(∨)하면 됩니다. 체크 표시가 많을수록 해당 영역에 대한 연습이 필요하다는 신호입니다.

말을 잘하는 사람은 화려한 언변을 구사하는 사람이 아니라 상대의 마음을 온전히 담아 낼 줄 아는 사람입니다. 우리는 간혹 내 이야기를 하느라 급급해서 정작 중요한 상대의 마음을 놓치곤 하죠. 이 체크리스트는 내가 대화의 주인공이 되려 하는지, 아니면 상대를 빛나게 해주는 다정한 관객이 되어 주는지 돌아보게 합니다.

나의 경청 습관을 확인하는 것은 닫혀 있던 상대의 마음을 여는 가장 따뜻한 열쇠가 되어 줄 겁니다. 귀를 기울이는 순간, 진짜 대화가 비로소 시작되니까요.

상대방이 말하는 도중에 내가 무슨 말을 할지 미리 생각하느라 내용을 놓친다.	☐
대화 중에 스마트폰을 보거나 다른 생각을 하는 경우가 종종 있다.	☐

"아, 그게 아니고~"라며 상대의 말을 끊고 끼어든 적이 자주 있다. ☐

상대방의 이야기를 끝까지 듣기 전에 "결론이 뭐야?"라며 재촉한다. ☐

상대가 말할 때 눈을 맞추기보다 허공이나 다른 곳을 볼 때가 많다. ☐

상대의 말이 끝나기도 전에 내 짐작대로 내용을 넘겨짚어 마무리한다. ☐

흥미 없는 주제가 나오면 건성으로 "아, 진짜?", "그렇구나."라고 반복해서 대답한다. ☐

나와 의견이 다르면 상대의 말을 듣지 않고 바로 반박할 준비를 한다. ☐

누군가 고민을 털어놓으면 듣기보다 빨리 해결책을 제시해야 한다는 압박을 느낀다. ☐

상대의 말에 고개를 끄덕이거나 추임새를 넣는 반응(리액션)이 어색하게 느껴진다. ☐

내가 하고 싶은 말이 생기면 상대의 말이 끝날 때까지 기다리기 힘들다. ☐

상대방의 표정이나 말투 같은 비언어적인 신호를 잘 알아채지 못한다. ☐

질문을 하기보다 내 의견을 주장하는 비중이 훨씬 높다. ☐

대화가 끝난 후 상대방이 무슨 말을 했는지 잘 기억나지 않을 때가 있다. ☐

상대방에게서 "내 말 좀 끝까지 들어 봐."라는 소리를 들은 적이 있다. ☐

대화의 마이크를 뺏는 납치 화법

주인공 자리를 뺏지 않고 질문으로 상대의 무대를 넓혀 주는 '찐' 공감법

가끔 친구에게 힘든 일을 털어놓으며 위로받고 싶을 때가 있습니다. 그런데 친구에게 말을 꺼내자마자 대화가 이상한 방향으로 흐를 때가 있는데요.

> 나: 요즘 회사 일이 너무 많아서 힘들어.
>
> 친구: (말이 끝나기도 전에) 어우 야, 나도 요즘 진짜 피곤해 죽겠어. 어제는 팀장이 나한테 뭘 시켰냐면….

순간 내 이야기는 흩어져 버리고 친구의 하소연을 듣는 시간이 되어 버립니다. 친구에겐 분명 나쁜 의도가 없었습니다. 오히려 '나도 너만큼 힘들어. 그러니까 네 맘 알고 있어'라며 공감해 주려는 의도

였겠죠. 하지만 집으로 돌아오는 길에 왠지 모를 허전함이 밀려옵니다. '내 얘기는 끝내지도 못했는데….'

이런 대화 습관을 심리학에서는 대화 나르시시즘Conversational Narcissism이라고 부릅니다. 상대의 이야기를 전혀 듣지 않고 모든 대화의 초점을 자기 자신에게로 돌리는 것이죠. 이런 대화가 반복되면 말하는 사람은 '이 사람은 내 말을 중요하게 여기지 않는구나'라는 느낌을 받고, 결국 입을 다물게 됩니다. 대화에서 청자가 사라지고 화자만 두 명 남는 꼴입니다.

공감은 "나도 그래."라고 내 명함을 내미는 게 아니라 "더 말해 봐."라고 상대에게 자리를 내어 주는 것입니다. 대화의 주도권을 뺏는 사람이 되지 않으려면 순서를 지켜야 합니다. 그 순간 머릿속에 내 경험이 떠올라도 잠시 '일시 정지' 버튼을 누르세요. 그리고 상대가 감정을 충분히 쏟아 낼 수 있도록 질문을 던져야 합니다. 내 경험은 상대의 이야기가 다 끝난 뒤에 덧붙여도 늦지 않습니다. 대화를 할 때 상대의 마이크를 뺏는 '전환 반응'을 멈추고, 상대를 주인공으로 만드는 '지지 반응'으로 바꿔 보세요.

'나도!'를 멈추고 '너는?'을 물어보기

내 이야기가 튀어나오려 할 때 꾹 참고 '질문'으로 바꿔 보세요. 대화의 깊이가 달라집니다.

CASE 1. 피로를 호소할 때 '경험 공유보다 상황 묻기'

"나도 피곤해."는 공감이 아니라 '고통 배틀'이 됩니다. 상대의 피로에 집중해 주세요.

[Before: 마이크 뺏기]

친구: 나 너무 피곤해.

나: 야, 나도 어제 진짜 피곤했어. 잠을 한숨도 못 잤다니까.

[After: 무대 넓히기]

친구: 나 너무 피곤해.

나: 에고, 많이 힘들었구나. 요즘 많이 바빴어?

CASE 2. 스트레스를 말할 때 '감정 개입보다 원인 찾기'

내 스트레스를 더하지 마세요. 이때는 상대가 왜 힘든지 들어 주는 게 먼저입니다.

[Before: 마이크 뺏기]

친구: 나 회사에서 스트레스 너무 받아.

나: 나도 진짜 스트레스 많아서 죽겠어. 우리 회사는 더 심해.

[After: 무대 넓히기]

친구: 나 회사에서 스트레스 너무 받아.

나: 아이고, 고생이 많네. 어떤 일로 그렇게 스트레스를 받는 거야?

CASE 3. 고민을 털어놓을 때 '상태 비교보다 해결 돕기'

"나도 못 해."라며 같이 주저앉지 말고 상대가 일어설 수 있게 도와주세요.

> **[Before: 마이크 뺏기]**
>
> 친구: 요즘 공부가 너무 안 돼.
>
> 나: 나도 요즘 공부할 컨디션이 아니야. 그냥 놀고 싶어.
>
> **[After: 무대 넓히기]**
>
> 친구: 요즘 공부가 너무 안 돼.
>
> 나: 집중이 잘 안 되나 보네. 무슨 과목이 특히 어려운 것 같아? 내가 도와줄 건 없어?

'주인공' 자리를 양보할 때 '최고의 관객'이 됩니다

우리는 상대방과 비슷한 경험을 말하는 것이 최고의 공감이라고 생각하곤 합니다. 하지만 힘든 친구가 진짜 원하는 건 자기 얘기만 늘어놓는 또 다른 화자가 아니라 내 이야기를 묵묵히 들어 주는 단 한 명의 청자입니다. 대화 중에 '나도!', '내 생각에는!' 같은 말이 목구멍으로 차오른다면 한 번만 꿀꺽 삼키세요. 그리고 그 에너지를 질문으로 돌려 보세요.

"어떤 점이 가장 힘들어?"

"지금은 기분이 어때?"

"그래서 어떻게 됐어?"

이 짧은 질문들이 상대방에게는 '나는 지금 네 이야기가 세상에서 제일 궁금해'라는 가장 큰 관심의 표현으로 들립니다.

오늘 만나는 사람에게 당신의 화려한 이야기 대신 따뜻한 질문을 선물해 보세요. 그 배려 덕분에 상대는 더 깊은 속마음을 꺼내놓고 당신과의 대화를 그 어떤 시간보다 소중하게 기억할 것입니다. "나도 그래."라는 말은 참고 "무슨 일이야?"라고 물어봐 주는 것이 진짜 공감입니다.

"네에~?"

말꼬리 올리는
당신의 대답이 불쾌한 이유

책임감과 신뢰도를 떨어뜨리는 '의문형 응대' 습관 고치기

영상과 함께
확인해 주세요!

혹시 서비스 센터에 전화해서 어떤 문제가 있는지 설명할 때나 직장 동료에게 급한 용건을 전달했을 때 상대방이 말끝을 올려 이렇게 되물었던 적이 있나요?

나: 저희 집 냉장고가 작동을 안 해서요….
직원: 네에~? ↗ (↗: 말꼬리 올림)

나: 김 대리님, 서류 제대로 전달된 거 맞을까요?
동료: 네에~? ↗

이때 당신은 어떤 기분을 느끼셨나요? 아마 속으로 '내 말을 못 들

었나?', '내 말이 이해가 안 되나?', '이 사람, 내 일을 처리해 줄 생각이 있긴 한가?' 하는 불쾌감과 불안감을 동시에 느낄 겁니다. '네'라는 긍정의 단어지만 말끝을 올리는 순간 그 의미는 '긍정'에서 '의문'으로 변질됩니다. 이것이 바로 "네에~?"라는 반응이 돌아올 때 우리의 기분이 상하는 이유입니다.

왜 "네에~?"라는 말은 책임 회피처럼 들릴까요? 말끝을 올리는 의문형 응대의 가장 큰 문제는 잘 못 들었으니 다시 말해 달라거나, 문제를 해결할 수 없으니 다른 방법을 생각해 보라는 등의 의미로 해석되어 상대에게 불필요한 부담을 다시 떠넘긴다는 겁니다.

1. **반복 유도**: 말끝을 올리면 듣는 사람에게 자신의 말을 다시 한번 반복하거나 설명해야 합니다. 그래서 "네에~?"라는 말을 듣는 순간 짜증과 함께 '다시 설명해야 하나?'라는 혼란이 생깁니다.

2. **책임 회피 인상**: 응답자가 요청 내용을 온전히 받아들이고 처리할 준비가 되어 있지 않다는 인상을 줍니다. 마치 '내가 지금 바빠서 못 들었는데 다시 말해 봐'라고 말하는 것처럼 들리죠. 특히 고객을 응대할 때나 보고할 때 이런 말투는 무책임해 보이며 부정적인 인상을 남깁니다.

3. **신뢰도 하락**: 말투에 안정감이 없고 가벼우면 전문성이 떨어져 보일 수 있습니다. 그래서 문제 해결을 요청하는 질문에 "네에~?"라고 되묻는 표현은 '저는 이 상황을 통제하고 해결할 준비가 되어 있지 않습니다'라고 무의식중에 고백하는 것과 같습니다.

'네' 다음에 '무엇'을 할지 보여 주세요

그렇다면 "네에~?"를 듣기 좋은 응대로 바꾸려면 어떻게 해야 할까요? 핵심은 간단합니다. "네."라고 차분하게 긍정의 대답을 한 뒤에 다음 행동을 구체적으로 제시해서 응답자가 요청을 온전히 수락했음을 보여 주는 겁니다.

'네'를 발음할 때는 말끝을 올리지 말고 평탄하거나 약간 하강하는 느낌으로 안정감 있게 처리하세요. 그러면 '제가 들었고, 이해했고, 지금부터 처리하겠습니다'라는, 적극적인 태도와 마음이 담긴 강력한 신호를 보낼 수 있습니다.

> 말꼬리 올리기 (×) → 안정감 있게 말하기 (○)
> "네에~? ／" (×) → "네, 지금 바로 확인하겠습니다. ＼" (○)

이 작은 변화 하나가 당신의 응대를 '책임감 있는 전문가의 응대'로 바꿔 놓습니다.

'의문형'이 아닌 '해결형' 응대 말해 보기

다음 세 가지 예시는 책임감과 신뢰감을 주는 응답자의 태도가 중요한 상황입니다. 이때 말끝을 올려 되묻는 "네에~?"를 어떻게 책임감 있는 전문가의 응대로 바꿀 수 있는지 살펴볼까요?

Case 1. 고객 문의 및 문제가 발생했을 때

고객이 문제를 호소하거나 도움을 요청할 때는 곧바로 문제 상황을 확인하겠다는 답변이 필요합니다.

[Before: 의문형 응대]

고객: 냉장고가 작동을 안 해서요….

담당자: 네에~? ↗

[After: 해결형 응대]

고객: 냉장고가 작동을 안 해서요….

담당자: 네, 고객님. 불편하시죠? 어떤 증상이 있는지 지금 바로 자세히 말씀해 주시겠어요? ↘

Case 2. 업무 현황 체크 및 전달 여부를 확일할 때

업무의 진행 상황이나 서류 전달 여부를 묻는 요청에 응할 때는 즉각적으로 사실을 보고하는 답변을 해야 합니다.

[Before: 의문형 응대]

상사: 김 대리, 서류 제대로 전달된 거 맞을까요?

담당자: 네에~? ↗

[After: 해결형 응대]

상사: 김 대리, 서류 제대로 전달된 거 맞을까요?

담당자: 네, 대리님. 메일이 전달되었는지 바로 확인해 보겠습니다. 확인되는 대로 다시 말씀드리겠습니다. ↘

'네'라는 대답에 당신의 프로페셔널한 태도가 담겨 있습니다. 말투의 미묘한 차이는 그 사람의 일 처리 태도를 대변합니다. 말꼬리를 내리거나 평탄하게 '네'라고 대답하는 사람은 "저는 상황을 통제하고 있습니다."라는 메시지를 잠재적으로 전달합니다.

오늘부터 당신의 '네'에 힘을 실어 주세요. 단순한 긍정이 아니라, 문제를 듣고 책임감 있게 해결할 준비가 되어 있다는 프로 의식을 담아서 말해 보세요. '네에~?'라는 한마디를 고치는 것만으로도 당신은 훨씬 더 유능하고 신뢰할 수 있는 사람으로 각인될 것입니다.

공감을 가장한 차가운 거리두기

영혼 없는 '관찰'에 따뜻한 '관심' 한 스푼 더하기

친구와 저녁을 먹으며 연애나 결혼관처럼 지극히 개인적인 이야기를 나눌 때가 있습니다. 내 솔직한 생각을 꺼냈는데, 돌아오는 친구의 반응이 묘하게 애매할 때가 있죠.

나: 나는 연애할 때 연락 너무 자주 안 하는 게 좋더라.

친구: 음…, 그렇게 생각하는 사람도 있구나.

나: 그리고 나는 결혼보다 혼자 사는 게 더 잘 맞는 것 같아.

친구: 뭐, 그렇게 생각하는 사람도 있지.

이러면 더 이상 이야기를 이어 가기 어렵습니다. 여기서 친구는 분명 내 말을 부정하거나 반박하지 않았어요. '그런 사람도 있다'라며 사실을 인정했죠. 그런데 듣는 사람으로서는 기분이 묘하게 상하고 대화가 뚝 끊기는 느낌을 받습니다. 마치 상대방을 연구 대상이나 주변에서 보기 드문 사람으로 바라보는 듯한 어정쩡한 거리감이 느껴지기 때문입니다.

"그렇게 생각하는 사람도 있구나."라는 말은 겉으로는 중립적이고 언뜻 공감하는 것처럼 보이지만 실제로는 대화의 문을 닫아 버리는 표현입니다. 이 말의 속뜻은 '나는 네게 동의하지 않아. 그리고 네가 왜 그렇게 생각하는지 딱히 궁금하지도 않아'라는 무관심에 가깝죠. 대놓고 드러내진 않지만 거리감이 느껴집니다. 심지어 말투에 따라서는 "특이하네.", "난 이해 안 되는데." 같은 냉소적인 비아냥거림으로 들릴 수도 있습니다.

공감은 상대를 분석하는 것이 아니라 상대의 마음을 존중하는 것입니다. 나와 의견이 다르다고 해서 상대를 '그런 사람'으로 타자화해 버리면 두 사람의 관계는 평행선을 달립니다. 생각이 다르다고 반박할 필요도 없지만, 그렇다고 영혼 없이 방관하는 것도 좋은 방법은 아닙니다.

이 차가운 분위기를 녹이는 방법은 아주 간단합니다. 관찰("그렇구나.")의 표현 뒤에 관심("충분히 이해돼." 또는 "새로운 관점이네.")의 한마디를 덧붙이는 것입니다. '나랑은 다르지만, 네 말도 일리가 있네'라는 뉘앙스를 풍기는 '플러스 원' 화법이죠. 상대방을 이해하는 데서 나아가 관심이 있다는 것을 구체적으로 어떻게 표현하면 좋을지 살펴봅시다.

관찰 모드를 끄고 공감 모드를 켜세요

"그렇구나."에서 끝내지 마세요. 그 뒤에 이해와 존중의 꼬리표를 달아 주세요.

Case 1. 가치관이 다를 때 '다름'을 '이해'로 연결하기

나와 생각이 달라도 상대가 그렇게 생각하는 맥락을 들어 보니 이해된다는 신호를 보내세요.

[Before: 타자화]

"음…, 그렇게 생각하는 사람도 있구나."

[After: 수용과 인정]

"그렇게 생각하는 사람도 있구나. 네 얘기를 들어 보니까 나랑은 좀 달라도 충분히 이해돼!"

Case 2. 동의하기 힘들 때 '일부' 긍정하기

상대의 의견 전체에 동의하지 못하겠다면 공감할 수 있는 일부분이라도 찾아서 반응하세요.

[Before: 은근한 거부]

"음…, 네 말은 맞는데 난 그렇지는 않은 것 같아."

[After: 일부 공감]

"네 말 듣고 보니 맞는 부분이 있어. 나랑 입장은 다르지만 들어 보니까 공감이 되네."

Case 3. 취향이 독특할 때 '무시' 대신 '흥미' 보이기

내가 이해할 수 없는 취향을 상대방이 가졌더라도 별나다고 치부하지 말고 호기심을 보여 주세요.

[Before: 무관심]

"음…, 그런 사람도 있지 뭐."

[After: 호기심]

"그런 사람도 있지. 근데 네가 그렇게 말하니까 좀 새롭고 흥미롭다!"

동의하지 않아도 존중할 수 있습니다

우리는 대화할 때 종종 나와 같은 편인지 아닌지를 확인하려고 합니다. 그래서 내 생각과 다르면 "음, 그런 사람도 있구나."라며 무의식적으로 방어벽을 세우고 상대를 밀어냅니다. 하지만 좋은 대화는 서로 똑같이 생각하고 똑같이 말해야 하는 '복사+붙여넣기'가 아닙니다. 서로 다른 색깔을 가진 사람들이 만나서 "와, 너는 그런 색을 가졌구나! 그 색감도 참 예쁘네."라며 감탄해 주는 과정입니다.

100퍼센트 이해할 수 없어도 100퍼센트 존중할 순 있습니다. 친구가 내가 이해할 수 없거나 들어 보지 못한 낯선 이야기를 꺼낼 때

팔짱을 끼고 관찰하듯 말하지 마세요. "음…, 넌 그렇구나."라는 말 뒤에 한마디만 더하세요.

"네 말을 들으니까, 그런 입장에서는 그럴 수도 있겠다."

"나랑 생각은 다르지만 네가 왜 그렇게 말하는지 알 것 같아."

이 작은 덧붙임이 두 사람 사이의 거리를 따뜻한 다리로 연결합니다. 비록 우리가 서로 다른 곳을 보고 있어도 마음만은 연결되어 있다는 안도감. 아마도 그것이 친구가 당신과의 대화에서 얻고 싶은 진짜 답일 거예요.

"그런 사람도 있구나."라는 표현은 거리가 먼 남 얘기할 때 하는 말입니다. "네 말 들으니 이해된다."라고 상대를 이야기의 중심에 세워 주세요.

"예예…."

영혼 없는 리액션이 신뢰를 갉아먹을 때

바쁘다고 핑계 대지 않고 잠시 멈춰 진심을 전하는 법

얼마 전 회사에서 바쁜 업무에 몰두하고 있을 때였어요. 한 동료가 급하게 질문을 해왔습니다.

"혹시 그 서류 검토는 다 됐을까요?"

하지만 저는 모니터에 눈을 고정한 채 무의식적으로 이렇게 대답했습니다.

"예예…."

손은 키보드를 두드리고 있었고 눈은 모니터 글자를 쫓느라 정신이 없었습니다. 저는 '빨리 대답해 줘야지'라는 생각에 반사적으로 대답했죠. 잠시 후 동료가 불안한 표정으로 되물었습니다.

"저, 아까 말씀드린 내용 확인된 거 맞죠? 다시 한번 봐 주실 수 있나요?"

그제야 아차 싶었습니다. 그저 내 일이 바쁘다는 이유로 빨리 대답하려고 한 것인데, 무심하게 흘려 넘기는 듯한 대답이 동료에게는 '건성으로 듣네', '귀찮아하네'라는 느낌을 줬다는 걸 깨달았죠.

우리는 종종 바쁜 와중에도 즉답하는 것이 능력이고 배려라고 착각할 때가 있습니다. 하지만 상대방이 볼 때 눈도 마주치지 않고 "예예…."라며 웅얼거리는 소리는 대답이 아니라 '의미 없는 소리'일 뿐입니다.

상대를 배려한다고 질문에 빨리 답하려다 보니 오히려 질문을 제대로 듣지도 못하고 건성으로 느껴지는 답변을 하게 되는 아이러니한 상황이 벌어지는 거죠. 이렇게 되면 상대방은 자기 말을 듣지 않는다고 느끼고, 결국 소통에 문제가 생기고 맙니다. 이럴 때는 건성으로 하는 빠른 대답보다 1분을 기다리게 하더라도 '온전한 집중'을 하는 것이 진짜 배려입니다.

바쁘거나 대답하기 어려운 상황에서는 억지로 멀티태스킹을 하려 하지 마세요. 차라리 솔직하게 양해를 구하고 집중할 수 있는 여유 시간을 확보하는 것이 낫습니다. 이는 '지금은 바쁘니까 나중에'라며 밀어내는 게 아닙니다. '제대로 듣고 싶으니 잠시만 시간을 달라'는 정중한 요청의 메시지를 보내는 것입니다.

"5분만 기다려 주시면 급한 일 처리 후에 다시 확인하고 말씀드릴게요."

"아, 그 내용 말씀이시군요. 잠깐만 기다려 주세요. 이것만 정리하고 말씀 나누면 더 확실할 것 같습니다."

이렇게 여유 시간을 확보하는 짧은 한마디만으로도 상대는 자기가 한 질문에 당신이 진심을 담아 임하고 있으며 자신이 존중받고 있다는 느낌을 받을 수 있습니다. 우려한 것처럼 상대를 기다리게 하는 느낌을 주기보다는 오히려 상대에게 관심과 존중을 표현하는 정중한 요청이 되는 거죠.

'건성 대답'을 멈추고 '집중의 시간'을 확보하는 법

두루뭉술하고 의미 없는 대답 대신 정확한 '시간'과 '행동'을 약속하세요. 지금 당장 대답하는 것보다 제대로 대답하는 것이 훨씬 더 중요합니다.

Solution 1. 내용이 귀에 안 들어올 땐 '골든 타임' 제안하기

지금 들어 봤자 기억 못 할 것 같다면 확실한 시간을 다시 잡으세요.

[Before: 영혼 없는 리액션]

"예예…."

[After: 시간 확보]

"잠깐만 기다려 주시겠어요? 이것만 마무리하고 바로 집중해서 다시 들을게요."

"5분만 있다가 다시 얘기할까요? 일 마치고 제대로 듣고 싶어서요."

대화에도 브레이크가 필요합니다

속도전의 시대에 살고 있는 우리는 질문을 받으면 반사적으로 대답해야 한다는 강박이 있습니다. 그 결과 나도 모르게 "어어…", "예예…"같이 뜻도 없고 성의도 없는 소리가 입에서 흘러나올 때가 많습니다. 하지만 진정한 소통 전문가는 속도에 휘둘리지 않습니다. 바쁠수록 대화에 잠시 브레이크를 밟을 줄 압니다. 기다려 달라는 말은 거절이 아니라 경청을 위한 준비 단계입니다. "어어…" 하며 대답을 흘리지 말고 "5분만 기다려 줘."라고 말해서 시간을 확보하고, 나중에 대화할 때는 눈을 맞추고 진지하게 임하세요.

대화의 김을 팍 식게 만드는
'척척박사' 심리

아는 척 대신 질문으로 밀도 있는 대화 이끌기

오랜만에 친구를 만나 최근에 알게 된 신나는 소식을 전하려고 입을 뗐습니다.

"야, 대박! 이번에 우리 동네에 줄 서서 먹는 베이글 집 생긴 거 알아? 빵이 진짜….."

그러자 친구가 내 말을 뚝 자르며 이렇게 말합니다.

"아, 거기? 이미 알고 있었지. 원래 유명하잖아."

오랜만에 만난 친구에게 전하고 싶은 이야기들을 나의 말풍선에 가득 담아 왔는데, 순간 그 말풍선의 바람이 피식 빠져 나가는 기분이 들었습니다. '그래, 너 정보력 빨라서 좋겠다'라는 생각이 들면서 더 이상 그 이야기를 하고 싶지 않아졌죠.

주변에 그런 분들 있으시죠? 분명 처음 듣는 이야기일 텐데도 혹은 방금 막 겪은 생생한 경험담인데도 습관적으로 "아, 그거 알아.", "나도 봤어.", "원래 그렇잖아."라고 반응하는 사람들 말이에요. 왜 이렇게 맥이 빠지는 말을 하는 걸까요? 도대체 그들은 왜 매번 아는 척을 하는 걸까요?

'나는 뒤처지지 않았어'라는 심리적 외침

습관적으로 "나도 알아."를 연발하는 심리의 기저에는 다음과 같은 불안이 깔려 있는 경우가 많습니다.

1. 자기 확신self-affirmation**의 욕구:** 상대방이 새로운 정보를 가져왔을 때 '나는 그걸 모르고 있었다'라는 사실을 인정하면 왠지 뒤처지는 것 같고 주도권을 뺏기는 것 같은 기분이 듭니다. 그래서 '나도 너만큼 알고 있어'라는 걸 확인받기 위해 방어막을 치는 것이죠.

2. 어색함을 피하려는 심리적 태도: 악의가 없는 경우에도 상대의 말에 딱히 할 말이 없거나 어떤 반응을 보여야 할지 몰라서 기계적으로 "아, 맞아요. 그렇죠. 저도 알아요."라며 상황을 넘기는 습관이 굳어진 경우도 있습니다.

하지만 이유가 무엇이든 결과는 같습니다. '나도 알아'라는 말은 대화의 마침표처럼 작용합니다. 당신은 정보를 공유하고 감정을 교류하고 싶어서 말을 꺼냈는데, 상대방이 이미 알고 있다고 선언하는 순간 그 목적이 사라져 버리니까요.

'아는 척' 대신 '호기심'을 표현하세요

대화의 목적은 '누가 더 많이 아는가'를 겨루는 퀴즈 대결이 아닙니다. 상대가 신나서 이야기할 때는 설령 내가 이미 알고 있는 내용이라도 모르는 척 들어 주는 것이 대화의 센스이자 배려입니다. 내가 아는 이야기가 나와서 "나도 알아!"라는 말이 입 앞까지 다다랐을 때, 그 말을 꿀꺽 삼키고 대신 질문을 던져 보세요.

"아, 거기 알아!" (×)
"정말? 거기가 그렇게 핫하다며? 어떤 메뉴가 제일 맛있었어?" (○)

팩트를 안다고 해서 상대방의 경험까지 아는 건 아니니까요. 상대가 어떤 경험을 했는지, 어떤 기분이 들었는지 궁금해하고 물어봐 주세요. 그것이 마침표로 달려가는 대화를 살리는 방법입니다.

'척척박사' 대신 '질문왕'이 되어 보세요

상대의 말문을 막는 '척척박사' 화법을 쓰고 있었다면, 이제는 상대의 말을 더 끌어내도록 텐션을 올리는 '질문왕' 화법으로 바꿔 볼게요. 다음 각 사례에서 제시한 반응과 질문을 살펴보고 당신이 맞닥뜨렸던 상황에서는 어떤 질문이 적절했을지 생각해 보세요.

Case 1. 핫한 장소나 맛집 이야기를 들었을 때

상대방은 그저 정보를 주고 싶어서가 아니라 자신의 즐거웠던 경험을 나누고 싶어 한다는 점을 기억하세요.

[Before: 아는 척하기]

A: 이번에 새로 생긴 빵집, 소금빵이 진짜 미쳤더라!

B: 맞아, 거기 원래 유명하잖아. 나도 이미 알고 있었어. 저번에 인스타에서 봤어.

[After: 질문하기]

A: 이번에 새로 생긴 빵집, 소금빵이 진짜 미쳤더라!

B: 와, 진짜? 나도 가 보고 싶었는데! 어떤 빵이 제일 맛있었어? 추천 좀 해줘!

Case 2. 새로운 뉴스나 정보를 전해 들었을 때

설령 아는 내용이라도 상대방이 무엇을 알고 있는지, 그 사실에 대해 어떤 견해를 갖고 있는지 물어봐 주세요.

[Before: 아는 척하기]

A: 이번에 우리 회사 사옥 이전한다는 소문 들었어?

B: 아, 그거 다 아는 얘기잖아. 나도 김 부장님한테 벌써 들었어.

[After: 질문하기]

A: 이번에 우리 회사 사옥 이전한다는 소문 들었어?

B: 아, 진짜? 나도 얼핏 듣긴 했는데 자세히는 몰라. 너는 무슨 이야기를 들었어? 어디로 간대?

Case 3. 신상 제품이나 트렌드 이야기를 할 때

이미 알고 있는 사실이거나 혹은 유행에 뒤처지기 싫은 마음에 무조건 안다고 하지 마세요.

[Before: 아는 척하기]

A: 이번에 OO 브랜드에서 새로 나온 가방 봤어? 내가 얼마 전에 봤는데 디자인 대박이야!

B: 그렇지. 원래 그 브랜드는 다 예쁘잖아. 나도 봤어.

[After: 질문하기]

A: 이번에 OO 브랜드에서 새로 나온 가방 봤어? 내가 얼마 전에 봤는데 디자인 대박이야!

B: 오, 정말? 나 아직 못 봤는데! 어떤 스타일이야? 컬러는 뭐 나왔어?

아는 것을 드러내지 않을 때 대화는 비로소 편안해집니다

우리는 세상 모든 걸 다 알 수는 없습니다. 그리고 사람들은 다 아는 사람보다 자기의 말에 귀 기울여 주는 사람을 더 좋아합니다. 설사 99퍼센트를 알고 있더라도 상대방이 말하는 1퍼센트의 새로운 즐거움을 위해 기꺼이 "어? 진짜? 난 몰랐어!"라고 말해 줄 수 있는 여유, 그 여유가 당신을 함께 대화하고 싶은 매력적인 사람으로 만들어 줄 겁니다. 오늘은 아는 것도 모르는 척, 상대방의 이야기에 푹 빠져 보는 건 어떨까요?

대화는 퀴즈쇼나 지식 테스트가 아닙니다. "나도 알아."라는 말로 대화에 마침표를 찍지 말고 "정말? 어땠어?"라는 물음표로 대화를 더욱 풍성하게 이어 가 보면 어떨까요?

"다 널 위해서 하는 말이야."

날 위하는 척
날 통제하는 거짓말

걱정이라는 가면을 쓴 통제의 언어 구분하기

오랜 고민 끝에 혼자 해외여행을 떠나기로 했을 때였습니다. 비행기 표를 끊고 설레는 마음으로 친구에게 소식을 전했죠.

"나 이번 휴가 때 혼자 유럽 여행 가기로 했어! 진짜 기대 돼."

당연히 "와, 멋지다! 조심히 다녀와!"라는 응원을 기대했습니다. 그런데 친구의 표정이 순식간에 어두워지더니 이렇게 말했습니다.

"야, 너 진짜 괜찮겠어? 요즘 유럽에 소매치기도 많고 위험하대. 나는 네가 안 갔으면 좋겠어…. 진짜 걱정돼서 하는 말이야."

순간 설레던 마음은 온데간데없고 찜찜한 기분만 남습니다. '내가 무모한 결정을 한 건가?' 싶은 불안감이 스멀스멀 올라오죠. 친구는 분명 걱정이라고 말했는데 저는 왜 이렇게 기분이 나쁘고 불안한 걸까요? 이건 걱정일까요, 통제일까요?

우리는 살면서 "널 위해서 하는 말인데…."라는 말을 수도 없이 듣습니다. 물론 개중에는 진심 어린 걱정도 있습니다. 하지만 어떤 걱정은 듣는 사람의 에너지를 뺏고 발목을 잡습니다.

심리학에서는 이를 '통제 욕구의 발현'으로 봅니다. 어떤 걱정은 겉으로 보기에는 걱정이지만 속내를 들여다보면 '네가 내 뜻대로 했으면 좋겠어', '네가 내 예상 범위를 벗어나는 게 싫어'라는 통제의 메시지가 담겨 있기 때문입니다. 이런 대화가 불편한 이유는 크게 세 가지입니다.

1. **존중의 부재:** 이미 내가 내린 결정(여행. 이직 등)을 계속해서 부정합니다. 여기에는 '너의 판단력은 믿을 수 없다'라는 심리적 태도가 깔려 있습니다.

2. **불안의 전가:** 진짜 걱정은 대비책을 줍니다. 하지만 나쁜 걱정은 "가서 사고 나면 어떡해?", "가서 후회하면 어떡해?"라며 듣는 사람에게 막연한 불안감과 죄책감만 심어 줍니다.

3. **결국은 '반대':** 빙빙 돌려 말하지만 결론은 하나입니다. '하지 마.' 내가 내린 결정을 대체 왜 부정하는 걸까요?

'불안'을 심지 말고 '지원'을 주세요

진짜 사랑하고 아끼는 관계라면 상대가 선택한 길을 막는 것이 아니라 그 길을 잘 갈 수 있도록 돕는 것이 맞습니다. 내가 애정하는 사람이 위험한 길을 가려 할 때 "가지 마!"라고 바짓가랑이를 잡는 건

노련한 방법이 아닙니다. "그래, 가 보고 싶었구나. 그럼 이 안전 장비 챙겨 가!"라며 실제적인 도움을 주는 것이 진짜 진심이 담긴 걱정의 태도죠.

말투를 조금만 바꿔 보세요. '안 했으면 좋겠어'(부정)를 '도와줄게'(긍정)로 바꾸는 겁니다. 이것이 걱정을 도움으로 승화시키는 기술입니다.

걱정을 가장한 '태클' 걷어 내기

상대의 선택이 불안해 보일 때 혹시 나 자신의 불안을 해소하기 위해 상대의 선택을 부정하고 있지는 않나요? 상대를 주저앉히는 말이 아닌 일으켜 세우는 말로 바꿔 말해 볼게요.

Case 1. 이직이나 퇴사를 결심했을 때

이미 결정을 내린 사람에게 '후회'라는 단어를 심어 주지 마세요.

[Before: 통제의 언어]

"나는 네가 거기 안 갔으면 좋겠어. 거긴 일도 많고 힘들대. 너 가서 후회할까 봐 진짜 걱정돼서 그래."

[After: 지지의 언어]

"오, 결국 그 회사로 결정했구나! 네가 고민 많이 하고 내린 결정이니 잘할 거야. 혹시 내가 도울 일이나 필요한 정보 있으면 언제든 말해 줘!"

Case 2. 혼자 여행이나 새로운 도전을 할 때

위험을 경고하는 것과 공포를 조장하는 것은 다릅니다.

[Before: 통제의 언어]

"혼자 여행? 너무 위험하지 않아? 나는 안 갔으면 좋겠어. 혹시라도 안 좋은 일 생기면 어떡해?"

[After: 지지의 언어]

"혼자 여행이라니, 진짜 용기 있다! 그래도 안전은 중요하니까 비상 연락 망은 꼭 챙기고 무슨 일 있으면 바로 연락해!"

Case 3. 연인이나 배우자가 새로운 취미를 시작할 때

상대의 기대와 설렘을 나의 걱정으로 짓누르지 마세요.

[Before: 통제의 언어]

"오토바이? 절대 안 돼. 다치면 어쩌려고 그래? 제발 내 생각 좀 해."

[After: 지지의 언어]

"오토바이를 타고 싶었구나. 걱정은 좀 되지만 네가 원한다면 말리진 않을게. 대신 보호장비는 최고급으로 하고 안전 수칙은 무조건 지킨다고 약속해 줘."

내 불안은 내가 감당해야 합니다

누군가를 걱정하는 마음, 참 귀한 마음입니다. 하지만 그 걱정이 상대방의 의지를 꺾고 있다면 이는 사랑이 아니라 집착이나 간섭으로 들릴 수 있습니다. 상대방이 걱정된다면 먼저 이렇게 자문해 보세요. '지금 내가 하는 말이 상대에게 도움이 되는가, 아니면 내 불안을 잠재우기 위한 것인가?'

진짜 내 편은 "넘어지면 어떡해!"라고 소리 지르는 사람이 아니라 "넘어지면 언제든 전화해. 내가 데리러 갈게!"라고 말해 주는 사람입니다. 오늘부터 소중한 사람에게 '걱정'이라는 이름의 돌덩이 대신 '지지'라는 이름의 튼튼한 디딤돌을 놓아 주세요. 진심 어린 걱정은 그 일을 하지 말라고 하는 것이 아니라 어떻게 하면 더 잘할 수 있을지를 함께 고민해 주는 것입니다. 부정의 언어를 지원의 언어로 바꿔 보세요.

"굳이 그래야 했어?"

비효율적이라는 이유로
상대의 열정을 꺾는다면

찬물을 끼얹는 '굳이' 대신 '의도'를 물어보기

친구들과 맛있게 점심을 먹고 카페에 갔는데, 그중 한 친구가 신이 난 얼굴로 새로 산 스마트폰을 자랑합니다.

"나 이번에 새로 나온 스마트폰 샀어! 카메라 화질이 진짜 좋대."

그런데 옆에서 다른 친구가 시큰둥한 표정을 지으며 이렇게 말합니다.

"야, 멀쩡한 폰 놔두고 굳이 새 걸 샀어? 요즘 카메라는 웬만하면 다 좋아."

순간 친구의 들떴던 표정이 싸늘하게 식어 버립니다. '내가 내 돈 주고 샀는데 왜 네가 난리야?' 하는 반발심과 함께 기분이 상해 버리죠. 이렇게 대화 중에 무심코 '굳이'라는 부사를 자주 사용하는 사람이 있습니다.

"굳이 거기까지 가야 해?"

"굳이 그렇게 힘들게 해야 해?"

말하는 사람은 효율성을 따져서 상대방에 도움이 되는 조언을 해 준다고 생각할지 모릅니다. 하지만 듣는 사람에게 '굳이'는 상대가 자신의 노력과 선택을 쓸데없는 짓 또는 비효율적인 행동으로 깎아 내리는 듯한 차가운 단어가 될 수 있습니다.

'굳이'는 열정을 꺾어 버리는 단어입니다. 이 말속에는 '나는 네 행동이 이해가 안 돼'라는 부정적인 판단이 깔려 있습니다. 상대방은 나름의 이유와 기대를 품고 선택했습니다. 그런데 "굳이?"라고 묻는 순간 그 선택은 과잉 행동 또는 낭비와 같은 것으로 규정됩니다. 다이어트를 하려고 샐러드를 먹는 사람에게 "굳이 그렇게까지?"라고 하는 건 그 사람의 의지를 꺾고 힘 빠지게 만드는 말이죠. 이는 자신의 행동을 변명할 때도 마찬가지입니다.

"굳이 내가 나설 필요 없잖아."

이 말은 겸손이 아니라 오히려 '그 상황이 나의 개입이 필요할 만큼 중요하지 않다'라는 오만함이나 회피처럼 들릴 수 있습니다.

상대방의 선택이 이해가 안 될 때 혹은 내 행동을 설명할 때 '굳이'를 빼고 그 자리에 '존중'과 '이유'를 채워 보세요. 비효율적이라고 비난하는 대신 먼저 어떤 점이 좋아서 그런 선택을 했는지 물어봐 주세요. 그리고 "굳이?"라는 말로 퉁명스럽게 쳐내는 대신 "더 좋은 방법이 있지 않을까?"라고 대안을 제시해 주세요. 이런 작은 배려가 대화의 온도를 지켜 줍니다.

'굳이' 대신 '도움'을 주세요

상대의 기분을 상하게 하는 가시 돋친 부사를 빼고, 대화를 부드럽게 이어 가는 법을 연습해 볼게요.

Case 1. 상대의 소비나 선택을 봤을 때

내 기준의 효율성을 들이대며 상대의 기쁨을 뺏지 마세요.

[Before: 찬물 끼얹기]

A: 이번에 새 스마트폰 샀어!

B: 야, 굳이 새 걸 샀어? 기존 것도 멀쩡했잖아. 돈 아깝게.

[After: 의도 물어보기]

A: 이번에 새 스마트폰 샀어!

B: 오, 정말? 기존 거랑 어떤 점이 달라? 카메라가 그렇게 좋다며?

Case 2. 상대의 노력이나 방식을 봤을 때

노력하는 사람에게 유난 떤다며 면박을 주지 마세요.

[Before: 찬물 끼얹기]

A: 요즘 다이어트를 하려고 점심으로 샐러드를 싸서 다녀.

B: 굳이 샐러드만 먹을 필요 있어? 그냥 밥 적게 먹으면 되잖아.

[After: 대안 제시 및 응원]

A: 요즘 다이어트를 하려고 점심으로 샐러드를 싸서 다녀.

B: 와, 대단하다! 근데 샐러드만 먹으면 힘들지 않아? 단백질도 같이 챙겨 먹어!

Case 3. 자신의 소극적 태도를 해명할 때

'굳이'는 핑계처럼 들립니다. 구체적인 속마음을 말하세요.

[Before: 회피형 변명]

A: 어제 회의 때 왜 아무 말도 안 했어?

B: 굳이 내가 말할 필요 없다고 생각했어.

[After: 솔직한 이유]

A: 어제 회의 때 왜 아무 말도 안 했어?

B: 내가 섣불리 말하는 게 도움이 될까 싶어서 일단 다른 분들 의견을 듣고 있었어.

'굳이' 하는 마음이 사랑입니다

사실 세상의 모든 낭만과 사랑은 '굳이' 하는 것들입니다. 굳이 데리러 가고, 굳이 손편지를 쓰고, 굳이 먼 길을 돌아가는 것. 그러니 타인의 어떤 행동을 보거나 듣고 "굳이?"라는 말이 튀어나오려고 할 때 딱 한 번만 참으세요. 그 사람에게는 '굳이' 한 그 결정이 자신만의 소중한 이유이자 열정일 수 있으니까요.

상대의 '굳이'를 존중해 줄 때 당신은 비로소 말이 통하는 사람이 됩니다. 상대의 생각과 판단을 평가하려 들지 말고 그 선택 뒤에 숨은 상대방의 마음과 의도를 궁금해하세요.

"언제? 누가? 어디서?"

대화의 맥을 싹둑 자르는 '질문 빌런'

이야기를 들을 땐 물음표보다 느낌표를 먼저 던져라

신나게 이야기를 하고 있는데 중간에 턱턱 걸리는 느낌을 받아 본 적 있으신가요? 마치 과속방지턱을 계속 넘는 것처럼 말이죠.

> 나: 어제 내가 소개팅을 했는데….
>
> 상대: 어? 어떤 사람이야? 사진 있어?
>
> 나: 아니, 사진은 나중에 보여 줄게. 일단 성격은 괜찮았거든? 근데….
>
> 상대: 누가 소개해 줬어? 회사 사람이야?
>
> 나: 아니, 친구가…. (하아) 그냥 나중에 얘기할게.

말하는 사람은 이제 막 서론을 꺼내 이야기를 이어 가려는데 듣는 사람이 궁금증을 참지 못하고 질문을 툭툭 던집니다. 결국 말하는 사람은 김이 빠지고, 하고 싶었던 이야기의 본론은 꺼내지도 못한 채 입을 다물게 되죠.

우리는 흔히 상대방의 이야기나 상황에 대한 '질문'이 대화를 이어 가는 좋은 기술이라고 알고 있습니다. 물론 맞습니다. 하지만 타이밍이 맞지 않는 질문은 대화를 이어 가는 게 아니라 대화의 흐름을 끊어 버리는 '가위'가 됩니다.

급한 마음에 상대의 마이크를 빼앗지 마세요

상대의 말이 끝나기도 전에 치고 들어가는 이 습관은 보통 청자의 조급함이나 과도한 주도권 욕구에서 비롯됩니다.

1. **예측 본능:** 상대의 말을 끝까지 듣지 않아도 대충은 무슨 말인지 알 것 같아서 혹은 결론을 빨리 확인하고 싶은 마음에 질문을 던집니다.
2. **자기중심적 호기심:** 상대가 말하고 싶은 이야기의 흐름보다 지금 당장 궁금한 정보('누구?', '어디서?', '언제?')가 더 중요해서 말을 끊습니다.

의도는 나쁘지 않았을 수도 있습니다. '나, 네 말에 관심 많아!'라는 걸 적극적으로 보여 주고 싶었을 거예요. 하지만 결과적으로 상대방은 이야기를 하는 데 방해가 된다거나 자기 말이 존중받지 못하고 있다고 느낄 수 있습니다.

물음표를 던지기 전에 느낌표를 먼저

그렇다면 상대의 말을 끊지 않으면서 궁금한 점을 묻고, 물 흐르듯 대화를 이어 가려면 어떻게 해야 할까요? 방법은 던지는 말의 순서를 바꾸는 거예요. 궁금한 게 생겨도 일단 참고 반응reaction을 먼저 보여 주세요.

"누가?" (질문) → "진짜?" (반응)

"어디서?" (질문) → "아, 그렇구나!" (반응)

궁금한 점이 생겨도 바로 던지는 질문보다는 "그래서 어떻게 됐어?", "와, 흥미진진한데." 같은 추임새bridge 반응을 하는 겁니다. 이는 상대방에게 '네 이야기를 잘 듣고 있으니 계속해 줘'라는 긍정적인 신호가 됩니다.

내가 궁금한 것을 묻는 건, 상대방이 하고 싶은 말이 일단락된 후에 해도 늦지 않습니다.

질문 빼고 반응 더하기

그러면 궁금증을 잠시 내려놓고 상대가 신나서 더 말하게 만드는 '리액션 화법'으로 반응하는 사례를 살펴볼까요.

Case 1. 직장에서의 대화

업무 보고나 회의 때 중간에 말을 자르면 흐름이 끊겨 중요한 정보를 놓칠 수 있습니다.

[Before: 맥을 끊는 질문]

A: 이번 프로젝트 일정이 좀 변경될 것 같은데요….

B: 그거 다음 주 월요일 아닌가요?

A: 네, 맞아요. 그리고 그다음에….

B: 발표는 어디서 하는데요?

[After: 리액션 화법]

A: 이번 프로젝트 일정이 좀 변경될 것 같은데요….

B: 아, 일정이요? (고개를 끄덕이며) 계속 말씀해 주세요.

A: 네, 월요일에서 수요일로 미뤄졌고 장소는 대회의실입니다.

B: 그렇군요. 그럼 준비할 시간이 더 생겼네요.

Case 2. 사적인 대화

에피소드를 말할 때는 흐름이 생명입니다. 궁금해도 꾹 참으세요.

[Before: 맥을 끊는 질문]

A: 어제 소개팅했는데….

B: 어떤 사람이야? 키 커?

A: 성격은 괜찮았어. 근데….

B: 누가 소개해 줬어? 너네 과 선배?

대화는 '취조'가 아닙니다

드라마 속 형사들은 범인의 말을 끊고 계속 질문합니다. 정보를 캐내야 하니까요. 하지만 우리는 형사가 아니고 상대방은 범인이 아닙니다. 머릿속에 떠오른 수십 가지 질문들은 잠시 입안에 머금으세요. 그리고 상대방에게 눈을 맞추고 고개를 끄덕이며 "그랬구나!", "그래서?"라는 말로 반응해 주세요. 당신의 그 따뜻한 반응 하나가 상대방의 말문을 활짝 열어 더 많은 이야기를 들려 줄 겁니다.

궁금한 것을 묻기 전에 상대가 말하고 싶은 것을 듣는 것이 먼저입니다. 물음표 대신 느낌표로 반응해 주세요.

제2장

사실보다 중요한 건 공감입니다

나의 말하기는 어디쯤 와 있을까?

옳고 그름을 따지는 차가운 이성보다 때로는 "그랬구나!"라는 짧은 한마디가 따뜻함을 전합니다. 위로라는 명목으로 무심코 던진 말이 오히려 상대에게 보이지 않는 상처를 줄 때가 있습니다.

아래 항목들은 내가 상대방의 아픔을 머리로 판단하고 있는지, 아니면 가슴으로 안아 주고 있는지 확인해 줄 것입니다. 우리가 사실을 넘어 마음을 읽으려 노력할 때 관계의 온도는 따뜻해집니다. 당신이 누군가에게 기대어 쉴 수 있는 편안한 품이 되어 주고 있는지 확인해 보세요.

힘든 이야기를 들으면 "그러게, 내가 뭐랬어?"라며 잘잘못부터 따진다. ☐

우울해 하는 사람의 이야기를 듣고 "네가 너무 예민한 거 아니야?"라고 말한 적이 있다. ☐

"나 때는 더 힘들었어.", "그 정도는 별거 아니야."라며 상대의 힘듦을 축소한다. ☐

상대의 감정에 공감하기보다 "그래서 어떻게 할 건데?"라며 이성적으로 접근한다. ☐

누군가 실수를 하면 괜찮냐고 묻기보다 "왜 그랬어?"라고 원인을 추궁한다. ☐

상대가 기뻐하거나 슬퍼할 때 이에 맞춰 표정을 짓거나 감탄사를 내뱉는 게 어렵다.

□

대화 중 "너도 참 답답하다.", "이해가 안 가네."라는 평가의 말을 상대에게 자주 한다.

□

상대가 원하는 위로 방식보다 내가 해주고 싶은 조언을 우선한다.

□

"원래 다 그런 거야.", "시간이 약이야." 같은 상투적인 말로 대화를 끝내버린다.

□

상대방의 입장이 되어 생각하려 하기보다 내 기준에서 상황을 판단한다.

□

누군가 아프다고 하면 걱정해 주기보다 병원비나 업무 지장 같은 현실적인 문제를 먼저 거론한다.

□

대화할 때 "나는…"으로 시작하는 자기중심적인 화법을 주로 사용한다.

□

감정적인 대화가 길어지는 것은 시간 낭비라고 생각하는 경향이 있다.

□

가까운 사람에게조차 "사랑해.", "고마워." 같은 감정 표현에 인색하다.

□

상대방이 서운함을 토로하면 "내가 뭘 어쨌다고 그래?"라며 방어적으로 나온다.

□

상대를 주눅 들게 하는 공격적인 말투

추궁하는 느낌표를 거두고 공유하는 물음표로 대화하라

가까운 사이일수록 과거의 일을 회상하거나 약속을 확인할 때 아래와 같은 말투를 자주 쓰곤 합니다. 하지만 이런 말투는 묘하게 기분을 상하게 하죠. 그리고 때로는 감정싸움의 시작점이 되기도 합니다.

"내가 그때 말했잖아!"

"그거 저번에 봤잖아!"

"우리 오늘 카페 가기로 했잖아!"

말하는 사람은 그저 팩트를 확인하려는 의도였을지 모릅니다. 하지만 듣는 사람은 순간 표정이 어두워지죠. 억울해 하거나 "아, 그랬나…. 미안해."라며 주눅이 들기도 합니다.

왜 그럴까요? '…했잖아'라는 표현이 상대방의 잘못 또는 실수를 지적하는 것처럼 들리기 때문입니다. 이 말속에는 '나는 기억하는데, 너는 왜 기억 못 해?', '내 말이 맞고 네 말은 틀려'라는 무언의 질책이 담겨 있습니다. 특히 말끝을 세게 끊으며 "했잖아!"라고 느낌표를 찍으면 상대는 잘못한 게 없는데도 마치 선생님께 숙제 안 해왔다고 혼나는 학생처럼 위축됩니다.

분명히 말하지만 '…했잖아'는 기억을 공유하려는 말투가 아니라 상대의 망각을 질책하고 면박 주는 말투입니다. 대화는 사실의 진위 여부를 두고 벌이는 공방전이 아닙니다. 누가 맞고 틀리는지를 따지는 것보다 중요한 것은 우리가 그 시간을 어떻게 기억하고 공유하느냐입니다. 하지만 내가 옳음을 주장하고 싶어서 "…했잖아!"라고 쏘아붙이는 순간, 상대는 기억을 떠올리는 게 아니라 당신의 날카로운 말투에 대한 거부감을 먼저 떠올리게 됩니다.

상대를 몰아붙이지 않고도 부드럽게 기억을 소환하는 방법이 있습니다. 바로 느낌표를 지우고 물음표나 말줄임표를 찍는 것 그리고 주어를 '너'에서 '우리'로 바꾸는 것입니다. 이 작은 변화가 관계의 온도를 어떻게 바꾸는지 확인해 볼까요?

'지적'을 '확인'으로 바꾸는 두 가지 언어 습관

상대를 탓하고 싶다면 "네가 …했잖아!"라고 해도 되지만 기억을 상기하고 싶다면 "우리 …했었나?"라고 해 보세요.

Solution 1. 느낌표 대신 말줄임표와 물음표 쓰기

사실이라고 단정 짓지 말고 여지를 남기세요. "내 기억엔 그런데, 혹시 아니야?"라는 뉘앙스를 풍기면 상대도 방어막을 내립니다. 확신을 낮추면 배려가 올라갑니다. 100퍼센트 내 기억이 맞아도 80퍼센트만 말하세요.

[Before: 추궁하는 말투]

"내가 그때 말했잖아!"

[After: 확인하는 말투]

"어? 그때 내가 그렇게 말하지 않았나? 난 그렇게 기억하거든."

[Before: 따지는 말투]

"우리 오늘 카페 가기로 했잖아!"

[After: 상기시키는 말투]

"우리 오늘 카페 가기로 한 거 아니었나? 시간 괜찮아?"

Solution 2. 주어를 '너'에서 '우리'로 바꾸기

"네가 봤잖아!"는 상대방의 책임을 묻는 것이지만 "우리가 봤잖아."는 함께한 경험을 나누는 것입니다.

[Before: '너' 중심 화법]

"그때 너도 봤잖아! 기억 안 나?"

[After: 우리 중심 화법]

"그때 우리 같이 봤잖아. 기억나?"

[Before: '너' 중심 화법]

"내가 너한테 말했잖아."

[After: '우리' 중심 화법]

"우리 그때 이 얘기 했었잖아. 생각나?"

'너'를 '우리'로 바꾸는 순간 비난은 사라지고 공감이 남습니다. "네가 그랬잖아!"는 비난입니다. 그 대신 "우리, 그때 그렇게 하지 않았나?"라고 물어보세요.

이렇게 '우리'라는 주어와 물음표를 활용해 말하면 상대방은 비난받았다는 느낌 없이 "아, 맞다! 그랬지?" 하고 한결 편하게 대화를 나눌 수 있습니다. 날카로운 지적 대신 부드러운 확인으로, 당신의 대화를 따뜻한 공유의 장으로 만들어 보세요.

상대의 감정을 난도질하는
'판사'의 언어

나의 기준으로 타인의 마음을 재단하지 마라

"그게 그렇게까지 화낼 일이야?"

"너, 지금 좀 과한 거 아니야?"

"굳이 이렇게까지 해야 해?"

혹시 평소에 '굳이 이렇게까지'라는 표현을 자주 쓰고 있지 않나요? 일상에서 흔히 듣거나 무심코 내뱉는 이 말들에는 공통된 패턴이 있습니다. 바로 '그렇게', '이렇게', '굳이', '한참' 같은 정도 부사degree adverbs가 포함되어 있다는 점입니다.

정도 부사는 강도와 정도를 나타내는 부사입니다. '매우', '아주', '대단히', '굉장히' 같은 단어들을 말합니다. 평범한 정도를 표현하는 부사지만 이 단어들이 감정의 영역으로 들어오면 날카로운 칼날로 변할 수 있습니다. 화자는 별생각 없이 던졌을지 몰라도 듣는 사람에게 이 말은 비난이자 '적절함을 넘어섰다'고 판결하는 것처럼 들리기 때문입니다. '내 기준에서는 별것 아닌데, 너는 왜 유난을 떠니?'라는 무언의 메시지가 담겨 있기 때문이죠.

이런 화법의 가장 큰 문제는 상대방의 감정을 '틀린 것' 혹은 '교정해야 할 오류'로 취급한다는 점입니다. 감정은 지극히 주관적인 영역입니다. 누군가에게는 가볍고 사소한 일이 누군가에게는 무거운 일일 수 있습니다. 그런데 "그렇게까지?"라고 말하는 건 나의 감정치를 표준으로 삼아 상대의 반응을 재단하는 것일 수 있습니다.

이 말을 들은 상대방은 순간적으로 말문이 막히고 자기 자신을 재판단하게 됩니다. 이를 심리적인 자기검열self-censorship이라고 합니다. '내가 이상한 건가?', '내가 너무 예민하게 구나?'라고 생각하는 겁니다. 분명 상처받은 건 자신인데 도리어 자신의 감정이 타당한지 증명해야 하는 억울한 상황에 놓이는 것이죠. 심리학에서는 이를 감정의 타당성을 훼손하는 가스라이팅gaslighting이라고도 합니다. "그렇게까지?"라고 묻는 순간 당신은 공감자가 아니라 재판관이 됩니다.

우리는 타인의 감정에 점수를 매길 수 없습니다. 그저 그 감정이 존재함을 인정해 줄 뿐입니다. 친밀한 관계성을 지키려면 상대를 평가하는 '평가의 언어'를 내려놓고 이유를 묻는 '이해의 언어'로 말해야 합니다. 감정의 크기를 지적하지 말고 그 감정이 생겨난 배경을 물어봐 주세요.

판단을 멈추고 질문을 하세요

상대의 반응이 내 기준에서 이해되지 않을 때 우리는 본능적으로 평가하려 듭니다. 이때 튀어나오는 정도 부사를 거두고, 설명을 요청하는 문장으로 말해 보세요.

Case 1. 상대가 예민하게 반응할 때

"그렇게까지 화낼 일이야?"는 상대의 화를 돋울 뿐입니다. 대신 왜 화가 났는지 인과관계에 집중해서 물어보세요.

[Before: 평가의 언어]

"아니, 그게 그렇게까지 화낼 일이야? 왜 이렇게 예민해?"

[After: 이해의 언어]

"지금 너, 화가 많이 난 것 같아. 그렇게 느낀 이유가 뭔지 말해 줄 수 있어?"

Case 2. 상대가 노력할 때

"이렇게까지 해야 해?"는 상대의 노력을 폄하하는 말입니다. 행동의 동기를 물어봐 주세요.

[Before: 평가의 언어]

"야, 이걸 굳이 이렇게까지 한다고? 너무 과한 거 아니야?"

[After: 이해의 언어]

"와, 준비를 많이 했네. 어떤 마음으로 이렇게 열심히 준비했는지 알고 싶어."

Case 3. 상대가 감정적으로 동요할 때

"뭘 한참을 그러고 있어?"라는 말은 상대의 마음에 찬물을 끼얹었습니다. 감정의 대상을 물어봐 주세요.

[Before: 평가의 언어]

"드라마 보면서 뭘 한참을 울고 있어? 청승맞게."

[After: 이해의 언어]

"마음이 많이 움직였나 보네. 어떤 부분이 그렇게 와 닿았어?"

당신의 잣대로 상대의 감정을 판단하지 마세요

누군가 "너무 춥다."라고 말할 때 "영하 1도밖에 안 되는데 뭐가 그렇게 추워?"라고 말하는 것은 적절한 반응이 아닙니다. 추위는 기온이라는 숫자가 아니라 그 사람이 느끼는 감각이기 때문입니다. 감정도 마찬가지입니다. 내가 괜찮다고 해서 상대도 괜찮아야 하는 법은 없죠.

"그렇게까지?"라는 말이 튀어나오려고 할 때 잠시 멈춰 주세요. 그리고 그 자리에 "왜?"라는 관심의 말을 채워 넣으세요. 상대가 던진 감정을 나의 기준으로 평가하려 들면 논쟁이 되지만 그 감정의 뿌리를 설명해 달라고 요청하면 대화가 됩니다.

"네가 그렇게 느꼈다면, 그럴 만한 이유가 있었겠지."

이 마음가짐 하나가 자칫 비난으로 끝날 뻔한 대화를 깊은 이해의 장으로 바꿔 줄 것입니다. 존중이란 내가 이해할 수 없는 타인의 감정을 '그럴 수 있다'라고 믿어 주는 겁니다. "그렇게까지?"라는 말은 상대가 자신을 검열하게 만듭니다. 판단을 멈추고 이유를 물을 때 비로소 관계의 균형이 맞춰집니다.

> "이건 비효율적이에요."

논리적이지만 외면받는
직설화법의 함정

딱딱한 팩트에 '쿠션'이 필요한 순간

혹시 대화를 하다가 또는 주변 사람들에게서 이런 이야기를 들어 본 적 있으신가요?

"너는 말은 다 맞는데, 왠지 묘하게 기분이 나빠."
"틀린 말은 아닌데, 꼭 그렇게 차갑게 말해야 해?"

분명 논리적으로도 완벽했고 효율적이며 직관적인 소통이 되도록 정확하게 전달했는데, 상대방이 냉담한 반응을 보이거나 상처받은 표정을 지을 때가 있죠. 이럴 때면 '내가 뭘 잘못했나?' 싶어 마음이 쓰이기도 하고, '이 대화에서 감정이 왜 중요해?'라는 생각에 답답하기도 합니다.

직설적으로 말하는 사람들은 대부분 솔직하고 효율성을 중시하는 성향이 있습니다. 빙빙 돌려 말하는 걸 시간 낭비라고 생각하죠. 하지만 대화는 단순히 정보를 전달하는 '데이터 전송'이 아닙니다. 사람과 사람 사이의 '감정 교류'가 바탕이 되어야 하죠.

아무리 성능이 좋은 자동차라도 서스펜션(충격 흡수 장치)이 없으면 작은 방지턱만 넘어도 엉덩이가 아프고 승차감이 엉망이 됩니다. 말하기도 마찬가지예요. 아무리 좋은 내용이라도 충격을 흡수해 주는 '쿠션' 역할을 하는 말이 없으면 듣는 사람의 마음에 '쿵' 하고 타박상을 줄 수 있습니다.

팩트는 단단할수록 좋지만 대화는 부드러울수록 좋습니다. 그렇다고 해서 갑자기 성격을 바꾸거나 없는 애교를 부려야 한다는 뜻은 아닙니다. 그러면 더 어색해지겠죠. 그저 문장의 앞머리에 단어 하나만 살짝 얹는 것만으로도 충분합니다. 이것을 우리는 '쿠션어' cushion words 라고 부릅니다.

쿠션어는 말의 날카로운 모서리를 둥글게 감싸 줍니다. '이건 명령이 아니라 제안이야', '나는 너를 존중하고 있어'라는 신호를 은연중에 보내는 것이죠. 평소 말이 짧고 툭툭 던진다는 평을 들어 왔다면 이제 소개할 네 가지 단어를 기억해 두었다가 말머리에 얹어 보세요. 별것 아닌 것 같지만 대화에서 아주 중요한 역할을 하는 이 단어들은 그동안의 당신에 대한 이미지를 크게 바꿔 줄 거예요. 말의 내용이 알맹이라면 이런 쿠션어는 그 알맹이가 깨지지 않게 감싸는 포장지라고 할 수 있습니다.

대화의 온도를 높이는 네 가지 마법의 단어

대화가 부드럽게 흘러가도록 하는 데 거창한 수식어는 필요 없어요. 우리가 일상에서 쓰는 말 앞에 다음 단어들을 마치 접두사처럼 붙여 보세요. 상대방의 딱딱했던 표정이 부드러워지고 내 말에 귀를 기울이는 순간을 경험할 거예요.

Case 1. 질문이나 부탁을 할 때는 '혹시'

"이거 해줘", "이거 가능해?"라고 바로 본론으로 들어가면 듣는 사람은 선택권이 없는 명령처럼 느낄 수 있어요. 이때 '혹시'라는 단어를 붙이면 상대에게 거절할 틈을 주는 배려가 됩니다.

[Before: 직설 화법]
"이거 먼저 처리 가능해요?"
[After: 쿠션 화법]
"혹시 이거 먼저 처리 가능하세요?"

Case 2. 의견을 말할 때는 '제가 보기엔'

마치 내 생각이 정답인 듯 "이건 별로예요.", "여기가 틀렸어요."라고 바로 말하면 거부감이 들기 쉽습니다. 이것이 절대적인 사실이 아니라 그저 '나의 관점'일 뿐이라는 걸 명시하면 상대도 방어기제 없이 받아들일 수 있습니다.

[Before: 직설 화법]

"이 부분은 좀 아쉽네요. 수정하세요."

[After: 쿠션 화법]

"제가 보기엔 이 부분이 조금 아쉬웠어요. 이렇게 해 보면 어떨까요?"

Case 3. 껄끄러운 피드백을 할 때는 '조심스럽지만'

상대의 기분이 상할 수도 있는 말을 할 때는 대화의 안전벨트가 필요합니다. 이 말을 신중하게 꺼낸다는 것을 미리 알려 주세요.

[Before: 직설 화법]

"이 방식은 효율이 떨어져요. 다시 생각해 보세요."

[After: 쿠션 화법]

"조심스럽지만, 이 방식은 다시 검토해 보면 좋을 것 같아요."

Case 4. 업무를 요청할 때는 '시간 되실 때'

"빨리 확인해 주세요."라는 말은 누구에게나 부담스럽습니다. 상대의 일정을 배려한다는 뉘앙스를 풍기면 오히려 상대방은 더 빨리 확인해 주고 싶어집니다.

[Before: 직설 화법]

"이것도 확인 부탁드려요."

[After: 쿠션 화법]

"시간 되실 때 이것도 한번 확인 부탁드릴게요."

쿠션어는 저자세가 아니라 여유로운 태도입니다

어떤 사람들은 쿠션어를 쓰면 "너무 저자세로 보이는 거 아냐?", "자신감이 없어 보이지 않을까?" 하고 염려하기도 합니다. 하지만 오히려 그 반대입니다. 진짜 자신감 있고 여유 있는 사람만이 대화의 목적뿐만 아니라 상대의 감정까지 챙길 수 있는 법이거든요.

말은 무엇what을 말하느냐보다 어떻게how 말하느냐가 결과를 좌우할 때가 많습니다. 똑같은 요청이라도 "이거 해."와 "혹시 시간 될 때 이거 부탁해요."는 말의 온도가 확연히 다르니까요. 오늘부터 메시지를 보내거나 대화를 할 때는 딱 1초만 시간을 두고 무심코 썼던 말 앞에 쿠션어 하나를 넣어 주세요. '혹시', '제가 보기엔', '조심스럽지만', '시간 되실 때'. 이 부드러운 단어들은 당신의 논리를 흐리는 게 아니라 오히려 상대의 마음에 당신의 말이 더 깊고 안전하게 안착하도록 도와줄 거예요.

부드러움은 강함을 이깁니다. 쿠션어는 관계를 지키는 가장 강력한 무기입니다. 거친 말은 딱딱하게 부딪히지만 부드러운 말은 마음에 스며듭니다. 말하기 전, 쿠션 하나를 먼저 놓는 걸 잊지 마세요.

고민을 말했더니
내 탓부터 한다면

진짜 내 편은 '상황'을 먼저 묻는다

속상한 일이 있어서 누군가에게 털어놓았을 때 위로는커녕 묘하게 내 탓을 하는 듯한 반응 때문에 말문이 막혔던 적 있으신가요?

나: 요즘 남자 친구가 데이트할 때 계속 핸드폰만 봐.

상대: 네가 지루하게 말한 거 아니야?

나: 아까 고객한테 전화 왔는데 좀 화가 나 계시더라고.

상대: 네가 뭐 잘못 설명한 거 아니야?

나: 오늘 팀장님 말투가 너무 싸늘했어. 눈치 보이더라.

상대: 네가 또 말실수한 거 아니야?

분명 내가 피해를 입었거나 속상한 상황인데, 상대방은 마치 탐정이라도 된 것처럼 내 행동에서 원인을 찾으려 듭니다. 이런 말을 들으면 "아니, 그게 아니라…."라고 해명하다가도 나중에는 '내가 문제인가?' 하며 자책감에 빠지기도 하죠. 위로받으려다 오히려 상처만 하나 더 얻는 셈입니다.

이런 사람들은 왜 맥락을 듣기도 전에 "네가 뭘 했길래?"라는 질문부터 던지는 걸까요? 그들이 특별히 매정하거나 나를 싫어해서일까요? 아니면 정확한 상황을 파악하고 싶어서일까요?

심리학에서는 이를 기본적 귀인 오류fundamental attribution error라고 부릅니다. 이 어려운 용어를 쉽게 풀면 이렇습니다. 어떤 사건이 벌어졌을 때 우리의 뇌는 복잡한 상황보다는 눈에 보이는 사람에게서 원인을 찾으려는 본능이 있다는 겁니다. 상황을 파악하려면 전후 사정, 주변 환경, 그 외 제3의 요인까지 따져 봐야 해서 머리가 복잡해지죠. 반면 '그 사람이 실수했겠지', '그 사람 성격 탓이겠지' 하며 내가 아는 사람에게서 원인을 찾는 건 훨씬 쉽고 빠릅니다. 즉 뇌가 에너지를 아끼려고 저지르는 성급한 판단인 것이죠.

하지만 뇌의 게으른 본능대로 말하다 보면 우리는 소중한 사람에게 엄중한 판사가 되어 버립니다. "무슨 일이 있었어?"라고 배경을 묻는 대신 "네가 잘못했네."라고 판결부터 내리는 것이죠. 악의는 없을지 몰라도 이런 말은 상대방을 고립시키고 외롭게 만듭니다. "네가 뭘 했길래?"라는 말은 '난 네 편이 되어 줄 생각이 없어'라는 말과 같습니다.

우리가 대화에서 놓치지 말아야 할 것은 사람보다 상황입니다. 친구가 힘들다고 말할 때 필요한 건 잘잘못을 가리는 판단이 아니라 그 상황을 함께 버텨 줄 '내 편'이니까요. 이 차가운 오류에서 벗어나 서로의 마음을 지키는 따뜻한 대화법이 필요합니다.

문제의 원인을 상대가 아닌 상황으로 돌려 보세요

비난은 사람을 향하곤 하지만 사실 해결책은 상황 속에 숨어 있습니다. 원인을 상대에게서 찾지 마세요. 습관적으로 나오는 "네가 뭘 잘못했겠지."라는 말을 멈추고 시선을 넓혀 봅시다. 말의 주어를 바꾸는 것만으로도 대화의 온도가 180도 달라집니다.

Case 1. 내가 말하는 쪽이라면 '사람' 대신 '상황'을 묻기

상대의 하소연을 들었을 때 무심코 "네가 실수한 거 아냐?"라는 말이 튀어 나오려 한다면 잠시 멈추세요. 그리고 그 화살표를 상대방이 아닌 '그때의 상황'으로 돌려 보세요.

[Before: 뇌의 본능대로 말하기]
"팀장이 화를 냈어? 네가 보고서 잘못 쓴 거 아니야?"
[After: 상황을 떠올려 보고 말하기]
"저런, 많이 당황했겠다. 무슨 상황이었는지 자세히 들어 봐야 알겠네."
"갑자기 왜 그러셨대? 무슨 일 있었어?"

Case 2. 내가 듣는 쪽이라면 쿠션어로 방어하고 요청하기

반대로 누군가 내게 "네 탓 아니야?"라고 말한다면 억울해 하거나 화내기보다는 현명하게 대처하는 게 좋습니다. 상대는 악의 없이 습관처럼 말했을 수도 있거든요. 이럴 때는 부드러운 쿠션어를 사용해서 내가 원하는 건 평가가 아니라 공감임을 알려 주세요.

[Step 1: 상대의 의도를 인정해 주기]
"네 마음은 그렇지 않겠지만, 방금 그 말은 내가 문제라는 평가처럼 들려서 좀 속상해."
[Step 2: 원하는 반응을 알려 주기]
"지금은 잘잘못을 따지기보다 상황을 같이 살펴봐 주는 말이면 더 힘이 날 것 같아."
"내가 실수한 게 있는지보다 그때 어떤 일이 있었는지 먼저 들어 주면 좋겠어."

우리는 모두 '상황'의 피해자일 수 있습니다

함께 길을 걷던 친구가 넘어졌을 때 "조심 좀 하지, 칠칠하지 못하게."라고 말하는 건 쉽습니다. 하지만 그곳에 보이지 않는 빙판이 있었는지, 돌부리가 튀어나와 있었는지는 가까이 가서 살펴봐야만 알 수 있죠. 가까운 사이일수록 우리는 너무 쉽게 상대를 안다고 착각하고 너무 쉽게 원인을 그 사람에게서 찾으려 합니다. 하지만 기본적 귀인 오류는 우리가 얼마나 자주 틀릴 수 있는지를 경고합니다.

누군가 당신에게 힘든 이야기를 꺼낸다면 그건 해결해 달라는 뜻이 아니라 '내 상황 좀 알아줘'라는 신호일 겁니다. 그럴 때는 돋보기부터 들고 상대방의 결점을 찾으려 하지 말고, 망원경을 들고 상대방이 서 있는 곳을 보려고 연습해 보세요. 함부로 인과관계를 판단하지 않는 것, 그것이 누군가의 편이 되어 주는 첫걸음입니다.

공감의 사각지대를 없애는
제3자 화법

경험이 없어도 상대방과 공감하는 법

누군가 용기 내어 고민을 털어놓았는데 본의 아니게 찬물을 끼얹는 말을 하게 될 때가 있습니다.

"아, 진짜? 나는 겪어 본 적이 없어서…. 무슨 기분인지 잘 모르겠네."
"그래? 솔직히 난 그런 성향이 아니라서…. 이해가 잘 안 된다."

물론 거짓으로 아는 척, 이해하는 척하는 것보다 모르면 모르겠다고 솔직히 말하는 게 나을 수도 있습니다. 하지만 듣는 사람에게 이 말은 '내 알 바 아니다, 난 모르는 영역이다'라는 선 긋기처럼 들립니다. '내가 괜한 말을 했나?' 하는 민망함이 밀려오고 '역시 이 사람은 나를 이해 못 해'라고 생각하고는 마음의 문을 닫게 되죠.

우리는 흔히 공감empathy을 '동일시'와 착각하곤 해요. 내가 똑같은 일을 겪어 봤거나 내 성향과 맞아야만 고개를 끄덕일 수 있다고 생각합니다. 그래서 내 경험이나 기억에 없는 이야기가 나오면 "안 겪어 봐서 모르겠는데?"라며 공감의 스위치를 꺼 버립니다.

하지만 세상에 나와 똑같은 삶을 산 사람은 아무도 없습니다. 내가 겪은 일로만 공감하려 한다면 우리는 앞으로 그 누구와도 100퍼센트 연결되기 어려울 겁니다. 진짜 공감은 '내가 아느냐 모르느냐'가 아니라 '네가 힘들다는 사실을 내가 존중하느냐 아니냐'에 달려 있습니다. 공감은 똑같이 느끼는 것이 아니라 '네겐 그럴 수 있겠다'라고 인정해 주는 겁니다.

그렇다면 내가 전혀 모르는 분야, 도저히 이해 안 되는 성향의 고민을 들었을 땐 어떻게 해야 할까요? 이때도 억지로 "나도 알아."라고 거짓말을 해야 할까요? 아닙니다. 이럴 때 필요한 것이 바로 '제3자 소환' 기술입니다.

내 경험의 그릇이 작아서 담을 수 없다면 누군가의 경험을 빌려 와서라도 상대의 감정을 감싸 주는 거예요.

"나는 잘 모르지만 내 친구도 그런 문제로 힘들어하더라."
"많은 사람이 그 부분을 제일 어려워한다고 들었어."

이렇게 제3자를 대화에 초대하는 순간 상대방은 '나만 유별난 게 아니구나'라는 보편적 안정감을 느끼게 됩니다. 내가 직접 겪지 않아도 우리는 충분히 타인의 경험을 다리 삼아 상대에게로 건너갈 수 있습니다. '나'라는 세상은 좁습니다. '우리'라는 넓은 세상으로 상대를 안내해 주세요.

경험이 없어도 마음을 나누는 '빌려 쓰기' 화법

내가 겪어 보지 못했다는 이유로 '모르겠다'며 물러서지 마세요. 내 주변 혹은 보편적인 사람들의 이야기를 빌려 와 '당신의 고민은 타당하다'라는 신호를 보내 주면 됩니다.

Case 1. 성향이 너무 달라서 이해가 안 될 때

세심해서 상처를 잘 받는 사람에게 "뭘 그런 걸로 그래?"라고 하면 상처가 됩니다. 상대와 비슷한 성향의 지인을 언급해 보세요.

[Before: 공감하지 못하는 표현]

상대: 나 아까 김 대리님이 한 말 때문에 계속 신경 쓰여.

나: 난 그런 게 하나도 안 들리던데? 내가 그런 성격이 아니라서 잘 모르겠다.

[After: 지인의 경험 빌리기]

상대: 나 아까 김 대리님이 한 말 때문에 계속 신경 쓰여.

나: 아, 그럴 수 있겠다. 내 친구 중에도 섬세한 친구가 있는데, 그런 말투를 들으면 종일 힘들어하더라고. 네가 예민한 게 아니야.

Case 2. 각자의 역량이 달라 공감이 안 될 때

나는 쉽게 해내는 일을 상대가 어려워할 때 "이게 어려워?"라고 하면 상대는 자괴감을 느낍니다. 일을 잘하고 뛰어난 사람도 어려워할 수 있다는 사실을 알려 주세요.

[Before: 공감하지 못하는 표현]

상대: 이번 보고서 쓰는 거 너무 막막해.

나: 그냥 쓰면 되는 거 아냐? 난 그거 금방 썼는데….

[After: 누군가를 소환하기]

상대: 이번 보고서 쓰는 거 너무 막막해.

나: 그거 진짜 까다롭지. 우리 베테랑 팀장님도 예전에 그 파트 정리할 때 머리 쥐어뜯으시더라. 원래 어려운 게 맞아.

Case 3. 겪어 보지 않은 상황이라 할 말이 없을 때

육아, 이별, 질병 등 내가 경험하지 못한 주제가 나오면 당황스럽죠. 이때 침묵하거나 화제를 돌리지 말고 '사람들'의 이야기를 빌려 보세요.

[Before: 공감하지 못하는 표현]

상대: 결혼 준비하다 보니까 자꾸 싸우게 되네.

나: 난 아직 미혼이라…. 싸울 일이 뭐가 있지?

[After: 통계와 여론 빌리기]

상대: 결혼 준비하다 보니까 자꾸 싸우게 되네.

나: 다들 그러더라. 내 주변 언니들도 결혼 준비할 때가 인생에서 제일 선택할 게 많다고, 그래서 예민해진다고 하더라고.

공감은 '지식'이 아니라 '함께함'입니다

'겪어 봐야 안다'라는 말은 반은 맞고 반은 틀립니다. 겪어 보면 더 깊이 알 수 있겠지만, 겪지 않았다고 해서 모른다고 단언해야 하는 건 아닙니다. 상대방이 내게 힘든 이야기를 꺼낸 건 해결책을 달라는 게 아니라 '내 마음이 힘들다는 걸 알아 달라'는 신호일 가능성이 큽니다. 그때 "내 데이터엔 없는 일인데?"라며 오류 메시지를 띄우지 마세요. 대신 내 데이터베이스를 조금 더 넓혀서 다른 사람들의 데이터를 검색해 보는 거예요.

"내 친구도 그러더라."

"많은 사람이 그렇게 느끼더라."

이 짧은 한마디가 상대방에게 '당신은 혼자가 아닙니다'라는 따뜻한 신호가 될 거예요.

공감은 내가 잘 아는 것에서 시작하는 게 아니라 '비록 모르지만 네 곁에 서 있겠다'라는 태도에서 시작된다는 걸 기억해 주세요. '나'는 몰라도 '우리'는 알 수 있습니다. 그것이 우리가 대화를 나누는 이유입니다.

대화의 맥을 끊는 가위 화법

효율성 뒤에 숨은 무례함을 따뜻한 호기심으로 바꾸는 법

신나게 이야기를 하고 있는데 갑자기 날아든 상대방의 차가운 한마디에 말문이 턱 막혀 버린 경험, 있으신가요?

나: 아, 오늘 회의만 네 탕을 했어. 점심도 제대로 못 먹고 너무 힘들더라.

상대: 그래서? 그게 끝이야?

나: 나 어릴 적엔 우리 동네에 이런 가게가 정말 많았거든.

상대: 그래서? 결론이 뭐야?

나: 어제 남자 친구랑 다퉜어. 그냥 말하다가 분위기가 좀 이상해졌거든.

상대: 그래서? 헤어졌다는 거야, 뭐야?

나는 그저 내 하루, 내 추억, 내 감정을 나누고 싶었을 뿐인데 상대방은 "그래서 결론이 뭔데?", "영양가 없는 소리 그만하고 본론만 말해."라고 다그치듯 말할 때가 있죠. 이런 반응을 접하면 당황스럽고 무안해져서 입을 다물게 되고 급기야는 '이 사람과는 말이 안 통한다'라고 느끼게 됩니다.

그들은 왜 상대방의 말을 끝까지 듣지 않고 자꾸만 '그래서?'를 남발하는 걸까요? 특별히 성격이 급하거나 사람 자체가 매정해서일까요? 아니면 흔히 말하는 '대문자 T'(MBTI)라서 그런 걸까요?

가장 큰 이유는 대화의 목적을 공감이 아닌 정보나 해결책으로 보기 때문입니다. 이들에게 대화란 A를 입력하면 B가 나와야 하는 자판기 같은 겁니다. 이야기의 기승전결이 뚜렷하지 않거나 대화의 흐름에 불필요한 정보가 있으면 '이 대화는 비효율적이다'라고 판단해 버립니다. 그래서 자꾸만 상대의 말을 끊고 "결론이 뭐야?"라고 묻는 것입니다.

하지만 대화는 퀴즈쇼가 아니라 마음을 나누는 토크쇼입니다. 우리가 나누는 대화의 90퍼센트는 정보 교환이 아니라 정서적 교류입니다. "그래서?"라는 말은 상대에게 거리감과 압박감을 줍니다. 상대가 힘들다고 말할 때 필요한 건 "퇴사해라."라는 결론이 아니라 "정말 고생했네."라는 말로 표현되는 끄덕임일 겁니다. 칼로 무를 자르듯 대화를 끊는 게 아니라 물이 흐르듯 이어 가려는 소통의 자세가 필요합니다. 질문하는 사람은 '감정'을 묻고, 대답하는 사람은 '의미'를 담아야 대화가 완성됩니다.

동시에 말하는 사람도 돌아볼 점은 있습니다. 혹시 내가 너무 두서없이 감정만 쏟아 내서 듣는 사람을 지치게 하진 않았을까요? 이를 방지하기 위해 따뜻하게 질문하는 방법과 명료하면서도 충분히 감정을 전달하는 방법을 알아봅시다.

'정보'에서 '감정'으로, 질문의 방향 틀기

혹시 습관적으로 "그래서?"라고 묻고 있진 않나요? 상대의 다음 이야기가 정말로 궁금해서 성급히 물어볼 수도 있습니다. 하지만 이럴 땐 궁금한 마음은 그대로 두되 방향만 살짝 틀어 보세요.

다음은 상대의 이야기를 재촉하거나 평가하지 않고 더 풍부하게 확장시키는 질문입니다.

Case 1. 이야기가 갑자기 끝난 것 같을 때

"그게 끝이야?"는 상대를 허무하게 만들지만 "더 해줄 이야기 없어?"는 상대를 주인공으로 만듭니다.

[Before: 평가의 질문]

"그래서? 그게 끝이야? 뭐 엄청난 일이라도 있는 줄 알았네."

[After: 관심의 질문]

"저런, 정신없었겠네. 혹시 더 하고 싶은 얘기 있어?"

Case 2. 요점이 뭔지 잘 모르겠을 때

"결론이 뭐야?"는 듣는 상대방에게 압박감을 주지만 "필요한 거 있어?"
는 안정감을 줍니다.

[Before: 평가의 질문]

"말이 너무 길어. 그래서 결론이 뭐야?"

[After: 관심의 질문]

"상황은 이해했어. 그래서 혹시 내 도움이 필요한 부분이 있을까?"

Case 3. 상황 설명만 계속될 때

"그래서?"라고 툭 던지면 무심해 보이지만 "기분이 어땠어?"라고 물으
면 다정해 보입니다.

[Before: 평가의 질문]

"친구랑 싸웠다고? 그래서? 누가 이겼는데?"

[After: 관심의 질문]

"분위기 이상해져서 당황했겠다. 그래서 네 기분은 어땠어?"

말하는 사람을 위한 3단 정리법

반대로 내가 말할 때마다 상대방이 지루해하거나 "요점이 뭐야?"
라는 말을 자주 듣는다면, 평소 나의 말을 한번 점검해 볼 필요가 있
습니다. 감정만 나열하면 푸념이 되지만 구조를 갖추면 에세이가 됩

니다. 이야기를 머릿속에 떠오르는 대로 말하지 말고 '상황–감정–메시지' 순서로 정리해 보세요.

Case 1. 추억 이야기를 할 때

'상황–감정–메시지(결론)' 순으로 말하면 그냥 옛날얘기가 아니라 '지금 반가운 이유'를 설명하는 완성된 이야기가 됩니다.

(상황)

"어릴 땐 우리 동네에 이런 문방구가 참 많았어."

(감정)

"지금 다시 보니까 옛날 생각나고 되게 그립더라."

(메시지/결론)

"그래서 요즘 이런 가게를 우연히 보면 너무 반가워."

Case 2. 힘들었던 하루를 털어놓을 때

말이 구조를 갖추면 그저 징징거리는 게 아니라 '나를 좀 배려해 줘'라는 명확한 의사 표현이 됩니다.

(상황)

"오늘 회의가 네 개나 잡혀서 점심도 못 먹었어."

(감정)

"배고픈 걸 떠나서 정신적으로 진짜 피곤하더라."

(메시지/결론)

"그래서 오늘은 아무것도 안 하고 얼른 가서 쉬고 싶어."

대화의 목적지는 '결론'이 아니라 '사람'입니다

우리는 회사에서 보고서를 쓸 때 대부분 두괄식과 결론 위주로, 즉 업무 상황에 맞는 형태의 구조로 작성해 왔습니다. 왜냐하면 이런 구조가 가장 효율적으로 정보를 전달하는 방법이기 때문입니다. 그러다 보니 일상에서도 자꾸만 효율을 따지고, 결론 없는 대화를 참지 못하게 된 것일지도 모릅니다. 하지만 사랑하는 사람, 소중한 친구와의 대화에서까지 효율을 따질 필요가 있을까요? 누군가 두서없이 이야기할 때 가위를 꺼내 자르는 대신 부드럽게 물어봐 주세요.

"그랬구나. 그래서 마음이 어땠어?"

이 작은 배려들이 모여 우리의 대화는 끊어지지 않고 따뜻하게 이어질 겁니다.

"음악이 슬픈 게 아니라 단조 구성이라서 그래."

감성을 파괴하는 팩트 폭격기

차가운 지식을 따뜻한 공감으로 바꾸는 'Yes, and' 화법

기분 좋게 대화를 시작하려는데 상대방의 무자비한 팩트 체크에 한껏 고조된 기분이 순식간에 차게 식어 버린 적 있으신가요?

나: 와, 이 음악 진짜 슬프지 않아? 눈물 날 것 같아.

상대: 음악이 슬프다기보단 멜로디 진행이 단조라 뇌가 그렇게 느끼는 거야.

나: 오늘 공기 진짜 맑다! 하늘 파란 것 좀 봐.

상대: 맑다기보단 어제 비가 와서 미세먼지 수치가 일시적으로 낮아진 거야.

나: 와, 이거 단맛 진짜 강하다! 설탕 덩어리네.

상대: 단맛이라기보단 액상 과당 시럽이 많이 들어가서 점도가 높은 거야.

분명 맞는 말입니다. 틀린 정보는 하나도 없죠. 하지만 듣는 사람은 어쩐지 기분이 묘하게 상합니다. 나는 지금 '느낌'을 공유하고 싶은데, 상대방은 자꾸만 '사실'을 들이밀며 내 느낌과 감상을 교정하려 들기 때문입니다. 마치 '네가 느끼는 건 착각이고 내 말이 정답이야'라고 무언의 지적을 받는 기분이 들죠.

사실 이렇게 대화하는 분들에게 악의가 있는 경우는 드뭅니다. 오히려 정보 보완 욕구가 강한, 똑똑하고 꼼꼼한 분들인 경우가 많습니다. 이분들의 뇌는 대체로 부정확한 정보를 참지 못합니다. 상대가 어떤 음악을 듣고 "슬프다."라고 모호하게 말하면 그 음악이 단조로 되어 있기 때문이라는 사실을 정확히 알려 줘야 직성이 풀리죠. 상대방에게 유용한 지식을 전달해 준다고 생각하면서요.

하지만 대화의 목적이 정보 전달이 아닌 감정 교감일 때 이런 화법은 치명적일 수 있습니다. 게다가 상대방의 말에 "…라기보단"이라고 토를 다는 순간, 그 말은 상대방의 감정과 느낌을 부정하는 것으로 들립니다. 둘 사이에 공감의 연결 고리를 끊고 팩트의 벽을 세우는 셈이죠. 옳은 말이 늘 좋은 말은 아닙니다. 감정을 나누는 자리에선 팩트보다 공감이 먼저입니다.

'선 공감, 후 팩트' 화법으로 정확한 교감 시도하기

물론 내가 알고 있는 정확한 지식, 명확한 사실을 군이 숨길 필요는 없습니다. 이럴 땐 말하는 순서와 포장지를 살짝 바꿔 보는 게 어떨까요? 먼저 "맞아요."라고 상대의 감정을 받은 뒤 내가 아는 정보를 "그리고"로 얹는 방법입니다. 내 말이 반박으로 들리는 게 아니라 정말 유용한 정보로 들리도록 말이죠. 지식은 상대를 이기기 위해서가 아니라 대화를 더 풍성하게 만들기 위해 쓰는 것입니다.

Solution. 분석하기보단 맞장구 먼저

내가 아는 사실을 말하고 싶어 입이 근질거릴 때 "…라기보단"이 나오는 걸 삼키고 "맞아요. …해서 그래요."라는 연결 고리를 걸어 주세요. 상대의 감정을 부정하지 말고, 그 감정이 생겨난 이유를 당신의 지식으로 설명해 주세요.

[Before: 분석의 언어]
"슬프다기보단 이게 A 단조라서 그래. 원래 단조가 우울하게 들리거든."
[After: 공감의 언어]
"맞아요. 진짜 애절하죠. 멜로디가 단조로 진행돼서 더 슬프게 들리는 것 같아요."

[Before: 분석의 언어]
"공기가 맑은 게 아니라 미세먼지 수치가 낮은 거야. 내일 되면 다시 나빠져."
[After: 공감의 언어]
"그러게요, 가슴이 뻥 뚫리네요! 미세먼지 수치가 낮아서 더 맑아 보이나 봐요."

당신의 지식에 온기를 입혀 주세요

　지식이 풍성한 것은 분명 멋진 일입니다. 당신이 알고 있는 정확한 정보는 대화를 풍요롭게 만들 수 있는 훌륭한 자산이죠. 하지만 그 자산이 빛을 발하려면 타이밍과 태도가 중요합니다. **정확한 정보보다 중요한 건 지금 내 앞의 사람과 나누는 정확한 교감입니다.**

　당신의 똑똑한 머리가 차가운 분석을 멈추고 따뜻한 맞장구를 치기 시작할 때, 상대방은 당신을 '말만 하면 가르치려 드는 사람'이 아니라 '말이 잘 통하는 사람'으로 기억할 거예요. 그리고 자신의 느낌과 생각을 나누고 싶은 좋은 대화 상대라고 생각할 겁니다.

　팩트 위에 감정을 얹지 말고 감정 위에 팩트를 살짝 얹어 주세요. 그게 진짜 고수의 대화법입니다.

> "너 운동 좀 해."

뻔한 조언이 잔소리가 되는 순간

지적하지 않고도 움직이게 만드는 '미래형' 제안

가까운 사이일수록 상대가 걱정되는 마음에 건넨 말이 되려 싸움의 불씨가 될 때가 있습니다. 분명 좋은 의도였는데 말이죠.

나: 야, 너 좀 일찍 일어나야 덜 바쁘지.

상대: 아, 누가 그걸 몰라서 그래? 피곤해서 못 일어나는 거잖아.

나: 너 건강 챙기려면 운동 좀 해. 맨날 누워만 있지 말고.

상대: 누가 몰라서 안 해? 시간이 없어서 그렇지. 그만 좀 해.

분명 맞는 말입니다. 일찍 일어나면 여유롭고, 운동하면 건강해지죠. 하지만 듣는 사람의 반응은 날카롭기만 합니다. 왜 그럴까요? 내 조언이 필요치 않았을까요? 아니면 상대방이 고집이 세서일까요? 아닙니다. 그 사실을 본인이 누구보다 잘 알고 있기 때문입니다.

이미 스스로도 '일찍 일어나야 하는데', '운동해야 하는데'라고 생각하며 스트레스를 받고 있는 상태일 겁니다. 그런데 타인이 그 부분을 콕 집어 지적하면 자책감과 피로감이 동시에 폭발합니다. '너는 지금 해야 할 일을 못 하고 있어'라는 사실이 못처럼 마음에 박히면서 방어기제가 작동하는 거예요.

그래서 상대방은 자기도 알고 있지만 못 하는 이유를 대며 감정을 섞어 반박하고, 조언을 건넨 사람은 '걱정해서 해 준 말인데 왜 화를 내?' 하며 서운해하는 악순환이 반복됩니다.

알고도 못 하는 사람에게 필요한 건 '정답'이 아니라 '응원'입니다. 정말 그 사람이 잘됐으면 하는 마음에 꼭 해주고 싶은 말이 있다면 방법을 바꿔야 합니다. '지금'을 지적하는 대신 '미래'를 이야기하고, '너 혼자'가 아니라 '우리 같이' 하자고 제안하는 거예요. 비난은 과거를 들추지만 응원은 미래를 제안합니다.

미래형 제안으로 동기를 부여해 보세요

명령조의 차가운 조언을 따뜻한 초대로 바꾸는 단어로는 '다음에'와 '같이', 두 가지가 있습니다. 이제는 상대를 몰아세우듯 "… 좀 해."라고 말하는 대신, 이 두 단어를 사용하면서 상대의 마음에 부담 없이 스며들도록 "… 해볼까?"라고 말해 보세요.

Case 1. 생활 습관을 바꿔 주고 싶을 때

[Before: 뻔한 조언]

"너 맨날 지각하고 뛰지 말고 좀 일찍 일어나."

[After: 미래형 제안]

"오늘 뛰느라 힘들었지? 다음에는 나랑 같이 조금만 일찍 나가 볼래? 모닝커피 한잔하게."

Case 2. 건강을 챙겨 주고 싶을 때

"운동 좀 해."는 귀찮은 숙제처럼 들리지만 "같이 산책할까?"는 즐거운 데이트처럼 들립니다.

[Before: 뻔한 조언]

"살찐 거 봐라. 운동 좀 해. 헬스장이라도 끊어."

[After: 미래형 제안]

"요즘 컨디션 안 좋아 보여서 걱정돼. 다음에 시간 될 때 우리 같이 가볍게 산책부터 해볼까?"

Case 3. 업무나 태도에 관해 조언할 때

[Before: 뻔한 조언]

"미리미리 좀 하지, 왜 닥쳐서 하니? 다음부턴 그러지 마."

[After: 미래형 제안]

"마감 맞추느라 고생했어. 다음 프로젝트 때는 우리 같이 중간 점검 시간을 잡아 볼까? 그럼 훨씬 수월할 거야."

'다음에'와 '같이'가 주는 힘

이 두 단어가 효과적인 이유는 명확합니다.

첫째, '다음에'는 미래지향적인 언어입니다. "지금 왜 안 했어?"는 바꿀 수 없는 과거를 건드리지만 "다음에 해볼까?"는 바꿀 수 있는 미래의 가능성을 열어 줍니다. 듣는 사람은 지금의 부족함을 지적받지 않았기에 자존심을 지킬 수 있고 자연스럽게 '그래, 다음엔 해보자'라고 마음먹게 됩니다.

둘째, '같이'는 연대의 언어입니다. "네가 해."는 상대를 고립시키지만 "우리, 같이 하자."는 상대의 짐을 나눠 듭니다. 내가 너를 감시하거나 평가하는 게 아니라 너의 페이스메이커가 되어 주겠다는 따뜻한 선언이죠.

잔소리는 귀를 닫게 하지만, 제안은 가슴을 뛰게 합니다. 누군가를 정말로 아끼시나요? 그 사람이 진짜 변하기를 바라시나요? 상대의 마음을 여는 건 상처만 남기는 팩트가 아닌, 부드럽고 미래지향적인 제안입니다. 마음이 동해 상대방이 스스로 움직이도록 가장 강력한 동기부여를 해 보세요.

힘내라는 말밖에 할 줄 모른다면

뻔한 위로 대신 상대의 마음을 깊숙이 어루만지는 공감 언어

친구나 동료가 축 처진 어깨를 하고 와서 힘든 이야기를 털어놓을 때면 어떻게 하시나요? 가만히 듣고 있자니 마음이 아프고, 뭐라도 도와주고 위로해 주고 싶은데, 막상 입 밖으로 나오는 말은 고작 이것뿐입니다.

"아, 진짜 힘들었겠다…."
"어휴, 그렇구나…."
"에고, 어떻게 해…."

마음은 진심인데 표현은 늘 제자리걸음입니다. 듣는 사람은 어떨까요? 처음엔 고맙지만 계속 똑같은 반응만 돌아오면 '내 말을 건성

으로 듣나?', '더 할 말이 없나?' 하는 생각이 들 수 있습니다. 결국은 입을 다물게 되죠.

우리가 위로에 서툰 이유는 마음이 부족해서가 아니라 '감정의 어휘'가 부족하기 때문입니다. 위로의 크기는 마음의 크기와 더불어 어휘의 크기에 비례할 때가 있습니다. "힘들었겠다."라는 말은 좋은 위로의 표현이지만 상당히 포괄적입니다. 상대의 고통을 뭉뚱그리는 느낌을 줄 수 있죠.

상대가 듣고 싶은 것은 '네가 힘든 거 알아'라는 확인을 넘어 '얼마나 애썼는지, 왜 억울한지'를 구체적으로 알아주는 말일 겁니다. 단조로운 흑백의 위로를 다채로운 공감으로 바꾸고 싶다면 다양한 단어들로 표현의 결을 바꿔 보세요. 그리고 대화가 끊기지 않도록 접속사 '그래서'를 더해 주는 겁니다. 즉 "힘들었겠다."로 끝내지 말고 "얼마나 애썼어."라고 알아준 뒤 "그래서 어때?"라고 물어봐 주세요.

이 두 가지 기술이 공감에 서툴기만 했던 당신을 상대방의 힘든 마음을 살필 줄 아는 가장 따뜻한 대화 상대로 만들어 줄 것입니다.

'힘들었겠다'를 대체하는 고해상도 공감 표현

이제는 앵무새처럼 "힘들었겠다."만 반복하는 단출한 반응 대신 상대방의 상황에 꼭 맞는 '맞춤형 위로'를 건네 보세요. 그러면 상대방은 더 깊고 진실된 마음을 당신과 나누려 할 것입니다.

Case 1. 노력을 알아줄 때는 '애씀'에 초점 맞추기

결과가 좋지 않아도 과정은 치열했을 겁니다. 그 수고를 언급해 주세요.

[맞춤형 위로]

"네가 얼마나 애썼을지 느껴진다. 진짜 고생했다."

"와, 그 정도면 진짜 에너지 다 쏟았겠는데? 방전될 만해."

"오늘 하루 진짜 길었겠다. 고단하지?"

Case 2. 감정을 자책할 때는 '편'이 되어 주기

상대는 '내가 예민한가?'라고 자책하고 있을지 모릅니다. 상대에게 그 반응이 당연하다고 말해 주세요.

[맞춤형 위로]

"야, 네가 이렇게 속상해 할 정도면 다른 사람들은 이미 못 견뎠어."

"누구라도 그런 상황이면 힘이 쭉 빠지지."

"그런 말 들으면 괜히 서글퍼지고 그러잖아. 나라도 그랬을 거야."

"누가 들어도 억울하다고 할 만해. 진짜 너무했다."

Case 3. 인내심을 칭찬할 때는 '자존감' 세워 주기

힘든 상황을 버텨 낸 상대를 인정하고 치켜세워 주세요.

[맞춤형 위로]

"그 순간엔 진짜 말도 안 나왔겠다. 어떻게 참았어?"

"그 와중에 화 안 내고 감정 컨트롤 잘했네. 대단하다, 진짜."

위로는 해결이 아니라 해소입니다

우리는 누군가 힘든 이야기를 하면 멋진 조언을 해줘야 한다는 강박에 사로잡힙니다. 당장 문제를 해결해 줘야 할 것만 같죠. 그래서 해결책이나 할 말이 없을 때 당황하고, 서둘러 "힘내!" 혹은 "힘들었겠다."라는 말로 상황을 종료하려고 합니다.

하지만 상대방이 당신에게 힘듦을 토로하는 이유는 정답이 필요해서가 아니라 자기 마음을 알아 달라는 신호일 겁니다. 가장 좋은 위로는 '내가 너를 지켜보고 있었어'라는 따뜻한 관심에서 시작됩니다.

오늘부터는 기계적인 반응 대신 상대의 마음을 따듯하게 보듬어 주면서 구체적으로 말해 주세요. 마음은 표현된 만큼만 전달된다는 사실, 잊지 마세요.

제3장

대화에서 도망가지 말고 함께하세요

나의 말하기는 어디쯤 와 있을까?

갈등 앞에서 우리는 종종 도망치거나 때론 상처를 주면서까지 상대를 이기려 듭니다. 하지만 진짜 건강한 관계는 다툼이 없는 상태가 아니라 다툼을 지혜롭게 해결해 나가는 과정에서 만들어집니다. 이 체크리스트를 통해 불편한 상황을 마주하는 나의 태도가 관계를 단절시키고 있는지, 아니면 더 단단하게 잇고 있는지를 확인해 보세요. 갈등을 회피하지 않고 마주할 용기를 낼 때 우리는 오해를 이해로 바꾸는 힘을 얻게 될 거예요.

갈등이 생길 조짐이 보이면 입을 다물어 버리거나 자리를 피한다. ☐

화가 나면 말로 풀기보다 문을 쾅 닫아 버리거나 쿵쿵 걷는 등 행동으로 티를 낸다. ☐

말싸움에서 졌다고 생각되면 며칠 동안 분해서 잠을 못 이루거나 억울해 한다. ☐

"됐어.", "신경 쓰지 마."라고 말하면서 속으로는 상대가 마음을 알아주길 바란다. ☐

상대방과 의견이 다를 때 "그걸 떠나서….".라며 상대의 말을 자르고 내 주장을 펼친 적이 있다. ☐

사과를 해야 할 상황에서도 자존심 때문에 "미안해.", "사과할게."라는 말이 잘 안 나온다. ☐

대화 도중 불리하다고 생각되면 과거의 실수나 단점을 들춰 내 공격한다. ☐

상대방을 이기기 위해 목소리 톤을 높이거나 비꼬는 말투를 사용한다. ☐

"너는 항상 그래.", "너는 절대 안 변해." 같은 극단적인 표현을 쓴다. ☐

상대의 기분을 상하게 할까 봐 할 말도 못 하고 꾹 참는다. ☐

내 잘못을 인정하면 무시당할 것 같아서 변명부터 하게 된다. ☐

내가 말하지 않아도 상대방이 내 마음을 알아맞히길 기대한다. ☐

논쟁이 생기면 상대의 논리를 꺾고 내가 옳다는 것을 증명해야 직성이 풀린다. ☐

싫은 소리를 들으면 감정 조절이 안 되어 욱하고 폭발하곤 한다. ☐

갈등을 해결하기보다는 덮어 두며 시간이 지나면 저절로 해결되리라 믿는다. ☐

같은 거절이라도 기분이 나쁜 단어, '말고'

관계의 온도를 1도 높이는 부정어 치환 기술

우리는 하루에도 수십 번씩 선택의 기로에 섭니다. 점심 메뉴를 고르는 일상 속 사소한 일부터 회사의 운명을 가를 프로젝트의 방향을 결정하는 일까지. 그 과정에서 누군가는 제안하고 누군가는 그 제안을 받아들이거나 조율하거나 거절해야 합니다.

그런데 참 이상한 일이 있습니다. 어떤 사람과 대화하면 분명 내 제안이 거절당했는데도 기분이 나쁘지 않습니다. 오히려 "아, 듣고 보니 그게 더 낫겠네요!"라며 흔쾌히 수긍하게 되죠. 반면 어떤 사람 앞에서는 입만 열면 무안해집니다. 분명 그 사람 말이 틀린 건 아닌데, 묘하게 반발심이 생기고 마음의 문을 닫게 됩니다.

이 미묘한 차이는 어디서 오는 걸까요? 저는 그 비밀이 아주 사소한 단어 하나, 바로 '…말고'에 숨어 있다고 생각합니다.

대화와 관계를 자르는 말, '말고'

제가 기업에서 스피치 코칭을 할 때 만난 한 팀장님의 이야기입니다. 팀장님은 업무 능력도 뛰어나고 판단력도 빠르기로 소문난 분이었지만 팀원들과의 관계는 늘 살얼음판이라고 고민을 토로했죠. 팀을 이끄는 리더로서의 리더십이 부족한 것 같고, 팀원들과의 관계가 항상 고민이라고 했습니다. 회의 시간만 되면 회의실 공기가 차갑게 식어 버릴 정도라고요.

저는 회의를 녹음한 녹취 음성을 팀장님과 함께 들으며 원인을 찾아봤습니다. 그리고 금방 그 이유를 알 수 있었죠. 팀장님은 팀원이 새로운 아이디어나 기획안을 가져올 때마다 습관적으로 이렇게 반응했습니다.

"이 디자인 말고 다른 건 없어?"
"이 기획 말고 지난번에 말한 방향으로 해봐."
"A 안 말고 B 안으로 갑시다."

팀장님은 효율성을 추구했을 뿐입니다. 빠른 의사결정을 위해 아닌 것을 빨리 쳐내고 맞는 답을 찾으려 했겠죠. 하지만 '말고'라는 단어는 생각보다 날카로운 가시를 품고 있습니다. 듣는 사람으로선 '말고'가 들리는 순간, 그때까지 쏟았던 노력과 고민이 순식간에 오답으로 처리되어 휴지통에 들어가는 기분이 듭니다.

'말고'는 지우개 같은 단어입니다. 상대방의 제안을 지워 버리고 그 자리에 내 주장만을 세우죠. 대화의 흐름을 툭 끊어 버리는 단절의 언어이자 상대의 의견을 부정하는 차가운 언어입니다. 우리는 무안함을 느끼면 본능적으로 방어기제가 작동합니다. 아무리 좋은 대안을 제시해도 이미 상한 기분 탓에 '두고 보자. 네 말대로 되는지' 하는 오기마저 생길 수 있죠.

틀리더라도 존중이 먼저입니다

그렇다면 내 마음에 들지 않는 제안을 받았을 때 어떻게 말해야 할까요? 무조건 좋다고 할 수는 없는 노릇이니까요. 저는 회원님들께 우리의 언어 습관에서 '말고'를 가급적 지우고 대신 '…보다' 혹은 '…도 좋은데'를 사용하자고 제안하곤 합니다. 겨우 한 단어일 뿐이지만 언어의 온도는 조사 하나, 서술어 하나로 완전히 달라지거든요.

그러면 앞서 예로 든 팀장님의 말을 관계성을 지키면서 의견을 관철하는 화법으로 한번 바꿔 볼까요.

"이 디자인도 느낌이 참 좋은데, 우리 이번 콘셉트에는 다른 시안이 좀 더 어울리지 않을까?"

"이 기획안보다 지난번에 이야기했던 그 방향이 실현 가능성이 더 커 보이는데, 어떻게 생각해?"

차이가 느껴지시나요? '말고'가 상대의 의견을 전면 부정한다면 '…보다'와 '…도 좋은데'는 상대의 의견을 일단 수용하고 존중합니다. '네 의견도 충분히 가치가 있어. 하지만 더 나은 것도 있지 않을까?'라며 상대를 파트너로 인정해 주는 것이죠.

이 화법은 상대를 적으로 만들지 않고 내 뜻을 관철하는 '연결의 기술'입니다. 더 나은 방향을 함께 찾아가자는 제안인 것이죠.

단절의 언어 말고 연결의 언어를 연습해 보세요

머리로는 알겠는데 막상 상황이 닥치면 습관처럼 "아니, 그거 말고…."가 튀어나옵니다. 그래서 연습이 필요합니다. 일상에서 가장 빈번하게 일어나는 세 가지 상황에서 입에 붙는 '말의 맛'을 비교해 보세요.

Case 1. 연인과의 데이트

[Before: 단절의 언어]
"아, 영화 보지 말고 그냥 드라이브나 가자. 나 좀 답답해."
[After: 연결의 언어]
"영화도 좋은데, 오늘은 날씨가 너무 좋으니까 드라이브 가는 건 어때?"

말 한마디로 내 편을 만드는 사람

'아' 다르고 '어' 다르다는 옛말은 단순히 발음의 차이를 말하는 게 아닙니다. 그 속에 담긴 배려의 깊이를 뜻하는 것이겠죠. 우리는 무심코 던진 '말고'라는 돌멩이에 상대방의 마음이 다치는 줄도 모르고 살아갑니다. 내가 옳고 상대가 틀리고의 문제가 아닙니다. 문제는 투박한 표현 방식이죠. 그 투박함이 쌓이면 관계는 삐걱거리고 내 제안은 힘을 잃게 됩니다.

오늘부터는 누군가 의견을 냈을 때 습관적으로 튀어나오려던 '말고'를 잠시 참고 고민하는 모습을 보여 주세요. 그리고 그 자리에 부드러운 표현을 더해 주세요.

"그것도 좋은데, 이건 어때?"

"그것보다 이게 더 낫지 않을까?"

아마 상대방은 자신의 의견이 거절당했다는 사실조차 모른 채 당신의 제안에 기분 좋게 고개를 끄덕일 겁니다. 말투 하나 바꿨을 뿐인데 당신은 '좀 날카롭게 보이던 사람'에서 '센스 있고 배려심 깊은 사람'으로 보일 거고요. 지금 바로 옆 사람에게 연습해 볼까요? "지금 커피 말고 차 한잔할래?"가 아니라 "커피도 좋은데, 따뜻한 차 한잔하는 건 어때?"라고요.

문제의 본질을 자꾸 회피하는 화법

회피하는 말에 휘둘리지 않고 대화의 순서를 정하는 법

막역한 친구 사이일수록 감정은 솔직하게, 또 서운한 감정은 숨기지 말고 조심스럽고 진중하게 나눠야 한다고 생각합니다. 장기적인 관계는 솔직한 감정의 공유에서 비롯되기 때문이에요. 하지만 그런 의도와는 달리 간혹 서운함을 표현해서 다툼으로 이어질 때가 있습니다. 저도 친한 친구와 이런 일로 다툰 적이 있었어요. 정확히 말하면 제가 서운한 부분을 말했더니 친구가 방어적인 태도로 나왔던 거죠. 그날 나눈 대화가 지금도 또렷이 기억납니다.

나: 내가 여러 번 얘기했잖아. 네가 자꾸 약속을 잊어버리니까 정말 서운했어.

친구: 아니, 그걸 떠나서, 너도 저번에 나한테 말 함부로 했잖아.

순간 머릿속이 멍해졌습니다. '지금 내 서운함은 중요하지 않다는 건가?' 하는 무력감이 들면서 대화는 순식간에 누가 더 잘못했나를 따지는 진흙탕 싸움으로 변질되었죠.

'그걸 떠나서'라는 말은 겉보기엔 화제를 전환하는 접속사 같지만 심리적으로는 회피 반응이자 반격의 신호입니다. 상대는 당신의 지적을 받아들이기 어려워서 논점을 흐리고 자신의 억울함을 먼저 내세우는 거죠.

이 화법이 반복되면 듣는 사람은 자신의 감정이 무시당했다는 좌절감을 느끼게 됩니다. 친구에게 "나 요즘 체력적으로 너무 힘들어."라고 했더니 "요즘 나는 너보다 더 힘들어."라고 받아칠 때 느끼는 그 공허함처럼 말이죠.

'그걸 떠나서'는 대화의 채널을 강제로 돌리는 것과 같습니다. 상대에게 리모컨을 뺏기지 말고 다시 채널을 고정해야 합니다. 이때 같이 흥분해서 "왜 딴소리해!"라고 화내면 싸움만 커집니다. 이 상황을 해결하는 가장 좋은 방법은 '교통정리'를 해주는 것입니다. 상대의 방어적인 태도를 일단 인정해 주고, 그다음 대화의 순서를 정해 주는 것이죠.

'그걸 떠나서'라는 말이 나오면 대화는 조금 다른 길로 새어 버립니다. 그럴수록 처음 이야기로 조심히 되돌아와야 합니다. "네 말도 중요해. 그러니까 우리 서로 중요한 대화를 놓치지 않도록 순서대로 하나씩 이야기하자."라고요. 회피하는 상대를 다시 대화의 테이블로 앉히려면 어떻게 말하면 좋을까요?

교통정리 화법으로 대화의 신호등을 켜 주세요

상대가 딴소리할 때는 무시하지 말고 그 이야기를 다룰 시간을 따로 마련해 주세요. 일방통행을 고집하면 사고가 납니다. '네 이야기 먼저, 그다음 내 이야기'라는 식으로 신호등을 켜 주세요.

Case 1. 과거의 잘못을 들추며 역공할 때는 일단 '경청'하기

상대가 내 잘못을 꺼내며 방어할 때 맞불을 놓으면 끝이 없습니다. 일단 상대의 불만을 먼저 들어 주세요.

[경청하기]

친구: 야, 그걸 떠나서, 너도 저번에 나한테 서운하게 했잖아.

나: 그랬구나. 일단 네가 서운한 부분을 먼저 얘기해 줘. 다 듣고 나서 그 다음에 내 마음도 이야기해 볼게.

Case 2. 모호하게 비난할 때는 '구체화'하고 '순서' 정하기

"너도 잘한 거 없어."라며 뭉뚱그려 비난하면 구체적으로 물어보세요.

[구체화하기]

연인: 그걸 떠나서 너도 요즘 나한테 잘한 거 없잖아.

나: 지금 네가 어떤 부분에서 서운했는지 먼저 들어볼게. 충분히 듣고 나서 나도 내 생각을 천천히 얘기할게.

대화는 이기는 것이 아니라 나누는 것입니다

우리가 '그걸 떠나서'라는 말에 상처받는 이유는 내 감정이 갈 곳을 잃고 공중에 떠 버리기 때문입니다. 하지만 반대로 생각하면 상대방 역시 자신의 억울함이 공중에 뜰까 봐 겁나서 "그걸 떠나서!"라고 외치는 것일지도 몰라요. 이럴 때 누군가 먼저 어른스럽게 순서를 정해 준다면 상황은 달라집니다.

"일단 이 얘기부터 나누자. 그다음에 네 말도 천천히 들어 볼게."

이 짧은 문장에는 두 가지 강력한 메시지가 담겨 있습니다. 첫째, '나는 너를 무시하지 않아'라는 존중의 마음입니다. 둘째, '하지만 지금 내 감정도 소중해'라는 자존의 메시지죠.

떠나지 말고 머무르세요. 서로의 마음에 충분히 머무를 때 갈등은 이해로 바뀝니다. 오늘부터 누군가 "그걸 떠나서…"라며 도망가려 한다면 대화의 방향을 붙잡고 부드럽게 말해 보세요.

"잠깐, 떠나지 말아 봐. 네 이야기 다 듣고 내 이야기도 할게."

회피 대신 직면을 선택할 때 비로소 우리는 서로의 진짜 마음을 만날 수 있습니다. 상대방이 "그걸 떠나서…"라고 하면 "일단 네 애기부터 들어볼게."라고 순서를 정해 주세요.

멀쩡한 기분도 망치는
직선적 말투의 비밀

말이 칼이 되지 않고 공이 되어 날아가게 하려면

영상과 함께
확인해 주세요!

퇴근하고 돌아온 배우자에게 "왔어? 밥은?"이라고 물었을 뿐인데, 상대방이 대뜸 짜증 섞인 목소리로 이렇게 받아칩니다.

"들어오자마자 무슨 밥 타령이야? 나한테 화난 거 있어?"

저는 그저 배가 고픈지 궁금해서 물어봤을 뿐인데 말이죠. 불쑥 억울한 마음이 듭니다.

"아니, 그냥 물어본 건데 왜 예민하게 그래?"

드라마나 코미디 프로그램에서나 나올 것 같은 장면이지만 사실 일상에서 말투 때문에 일어나는 다툼은 꽤 빈번합니다. 이런 말투에 대한 오해는 특히 가까운 지인과의 사이에서 발생합니다. 거리감이 있고 어려운 관계에서는 말투를 조심하지만 가까운 지인에게는 말투를 덜 신경 쓰기 때문입니다.

무엇이 문제일까요? 내용은 평범하지만 그 말을 전달하는 그릇, 즉 소리의 모양이 너무 날카롭기 때문입니다. 저는 이것을 '직선 소리'와 '둥근 소리'의 차이라고 부릅니다.

당신의 말은 직선인가요, 곡선인가요?

우리의 말하기 습관에서 보이는 소리의 모양은 다음과 같이 크게 두 가지 형태로 나뉩니다.

첫째, '직선 소리'입니다. 말을 짧고 딱딱하게 끊어서 뱉는 방식인데요, "밥 먹었어?", "어디야?", "이거 해."처럼 소리가 높고 템포가 빠릅니다. 말하는 사람은 필요한 내용만 전달하기 때문에 효율적이라고 생각하지만 듣는 사람의 귀에는 말이 '꽂히는' 느낌을 줍니다. 마치 뾰족한 화살이나 딱딱한 돌멩이가 날아오는 것 같죠. 그래서 내용은 질문인데 추궁이나 명령처럼 들립니다. "너 화났어?"라는 오해를 사는 주범이기도 합니다.

둘째, '둥근 소리'입니다. 소리의 끝을 부드럽게 늘이고 억양에 자연스러운 곡선을 주는 방식이죠. 언어학적으로는 이를 '음운의 연속성'이라고 합니다. 소리가 뚝 끊기지 않고 물결치듯 이어지며 상대방에게 감정적인 안정감을 줍니다. 내용은 같아도 듣는 사람은 배려받고 있다는 느낌을 받죠.

직선 소리를 쓰는 사람들은 성격이 급하거나 결론만 빨리 확인하고 싶어 하는 경향이 있습니다. 하지만 관계를 부드럽게 만들고 싶다면 의도적으로 소리를 둥글게 다듬는 연습이 필요합니다. 방법은 어렵지 않습니다. 문장의 마지막 글자에 있는 모음을 아주 살짝 0.5초 정도만 길게 늘이며 곡선을 그려 보세요.

"어디야?↘" (뚝 떨어짐) → "어디야아?↗↘" (부드러운 곡선)

"퇴근했어?" (멈춤) → "퇴근했어어~?" (연결)

캐치볼을 할 때 야구공을 직선으로 세게 던지면 받는 사람이 아프지만, 포물선을 그리며 부드럽게 던지면 편안하게 받을 수 있어요. 바로 그와 같은 느낌으로 말하면 됩니다.

직선을 곡선으로 펴는 연습

다음은 일상에서 가장 흔하게 오해가 쌓이는 세 가지 상황입니다. 상대방 탓만 하며 억울해하기 전에 내 말투가 혹시 '직선 소리'는 아니었는지 점검해 보세요. 그리고 '직선 소리'를 '둥근 소리'로 바꾸는 연습을 해 봅시다.

Solution. 가까운 사이일수록 부드럽고 둥글게 말하기

일상에서 자주 하는 말일수록, 또 자주 보는 사이일수록 소리를 길고 부드럽게 늘여 말해 보세요.

[Before: 직선 소리]

"퇴근했어? 왜 이렇게 늦어? (딱! 딱! 끊어짐)

[After: 둥근 소리]

"퇴근했어~? 오늘 왜 이렇게 늦었어~?" (부드러운 연결)

[Before: 직선 소리]

"숙제 언제 할 거야? 그거 다 했어?" (빠른 템포)

[After: 둥근 소리]

"숙제는 언제 할 거야~? 그거 다 마무리했어~?" (여유 있는 리듬)

[Before: 직선 소리]

"이거 해. 저거 좀 갖다 줘." (높은 강세)

[After: 둥근 소리]

"이거 좀 해줄래~? 저것 좀 부탁해~." (부드러운 억양)

말투가 바뀌면 공기의 온도가 바뀝니다

"아니, 굳이 그렇게까지 말해야 해? 내용만 통하면 되지."

이렇게 반문하는 사람도 있을 겁니다. 하지만 대화에서 내용이 차지하는 비중은 생각보다 작습니다. 상대방의 기분을 좌우하는 것은 대부분 태도입니다. 똑같은 "밥 먹었어?"라는 말 한마디에도 직선으로 던지면 의무감이 묻어나고, 둥글게 건네면 사랑이 묻어납니다.

오늘부터 소중한 사람에게 말을 건넬 때 말끝을 툭 자르지 말고 부드럽게 이어 보세요. "왔어?" 대신 "왔어~?" 하고요. 그 작은 물결 하나가 삭막했던 집 안의 공기를, 냉랭했던 사무실의 분위기를 따뜻하게 바꿔 줄지도 모릅니다.

직선 소리는 날카롭게 꽂히고, 둥근 소리는 포근하게 안아 줍니다. 말끝의 모음을 0.5초만 늘여 보세요. 당신이 날려 보낸 둥근 공 같은 말이 상대의 마음에 부드럽게 가닿을 거예요.

남의 말을 방패 삼아 내 말을 숨길 때

진실을 가리는 방패를 걷고 진짜 주어를 찾아라

예전 직장에서 기획안 작성을 맡은 적이 있었습니다. 동료에게 그동안 준비한 기획안을 보여 주자 그 동료가 이렇게 대답했어요.

"아이디어는 좋은데…, 아마 팀장님은 이 콘셉트는 별로라고 하실 것 같아요."

친구와 쇼핑을 하러 갔을 때 친구에게 어울릴 만한 옷을 추천해 주었더니 친구가 이렇게 얘기하더군요.

"난 괜찮은데…, 우리 남편이 싫어할 것 같아."

순간 맥이 빠져서 더 이상 말을 이어 가고 싶지 않았습니다. '팀장님'이나 '남편'은 지금 이 자리에 없는데 왜 그들의 의견을 방패 삼아 내 제안을 막는 걸까요? 왜 자기 생각을 직접 말하지 않고 자꾸만 제3자의 뒤에 숨으려는 걸까요?

'남의 말' 속에 나를 숨기는 심리

심리학적으로 타인의 의견을 끌어와 자신의 주장을 펼치는 행위는 책임감과 반박에 대한 두려움에서 비롯되는데요, 구체적으로는 다음 세 가지 심리에서 비롯된다고 볼 수 있습니다.

첫째, 책임감 전가responsibility transfer입니다. 사실은 내가 싫은데 "나는 그게 싫은데."라고 말하면 그 이유를 설명하고 반박을 감당해야 합니다. 하지만 "남편이 싫대.", "팀장님이 안 좋아하실걸."이라고 말하면 그 책임과 비난이 제3자에게 전가되어 나는 안전지대에 머무를 수 있습니다.

둘째, 권위 빌리기borrowing authority입니다. 자신의 의견에 확신이 없을 때 '팀장님', '전문가', '대중' 같은 권위 있는 집단을 끌어와 내 주장에 힘을 싣는 겁니다. "내 생각에는….."보다 "전문가들도 다 그렇게 말해."가 더 강하게 들리니까요.

셋째, 정면충돌을 회피하려는 겁니다. 가장 흔한 이유입니다. 상대방과 정면으로 의견이 충돌하는 걸 피하고 싶을 때 완충제처럼 제3자를 내세우는 거예요.

하지만 이런 습관이 반복되면 당신의 말에는 진정성과 주체성이 사라집니다. 듣는 사람은 "그래서 너는 어떻게 생각하는데?"라는 질문에 대답하지 못하는 당신의 모습에서 '소신 없는 사람'이라는 인상을 받습니다.

방패를 걷어 내고 '진짜 주어'를 찾아내세요

그렇다면 상대방이 남을 방패 삼아 말할 때 그 방패에 가려진 진짜 목소리를 어떻게 끄집어내야 할까요? 방법은 간단합니다. 제3자와 상대방을 분리하는 질문을 던지는 거예요. 상대방이 말한 **방패를 인정하되**, 그 사람의 고유한 의견에 집중하는 질문을 되돌려 주세요.

> 친구: 우리 남편이 별로래.
>
> 나: 그건 남편분 의견이고, 솔직히 너는 이 옷 어떻게 보여?

> 동료: 팀장님이 싫어하실 것 같아요.
>
> 나: 팀장님 의견은 알겠습니다. 그런데 김 대리님의 관점에서는 이 아이디어가 어떠세요?

이 질문은 상대에게 '남의 말을 빌리지 않고 네 생각을 말하라'라는 무언의 압박을 주지만, 동시에 '네 의견을 존중한다'라는 메시지를 전달하기 때문에 정중하게 소신을 끄집어낼 수 있습니다.

방패 뒤의 목소리 끄집어내기

상대방이 제3자의 의견을 방패 삼아 자신의 의견을 말할 때 지혜롭게 대응하는 세 가지 상황을 연습해 봅시다.

Case 1. 물건이나 취향을 평가할 때(연인/친구를 방패 삼을 때)

분리 질문으로 상대의 취향을 알아내고 진솔한 대화를 이어 가세요.

[Before: 남을 방패로 삼을 때]

A: 이 컬러는 어떠세요?

B: 저는 괜찮은데, 제 친구가 이 컬러는 금방 질린다고 하더라고요.

[After: 분리 질문]

A: 이 컬러는 어떠세요?

B: 저는 괜찮은데, 제 친구가 이 컬러는 금방 질린다고 하더라고요.

A: 아, 친구분은 이런 컬러를 선호하지 않으시나 봐요. 그럼 OO 님 개인적으로는 어떤 컬러가 가장 끌리세요?

Case 2. 업무 아이디어를 거절할 때(상사/권위를 방패 삼을 때)

본인의 관점을 말하게 해서 거절의 진짜 이유(본인의 불안)를 파악하고 대안을 논의하세요.

[Before: 남을 방패로 삼을 때]

A: 이번에 새로운 마케팅 채널을 만들어 보는 건 어떨까요?

B: 좋은데…, 이사님이 보수적이시라 반대하실 것 같아요.

[After: 분리 질문]

A: 이번에 새로운 마케팅 채널을 만들어 보는 건 어떨까요?

B: 좋은데…, 이사님이 보수적이시라 반대하실 것 같아요.

A: 김 대리님 본인의 관점에서는 이 채널의 가장 큰 리스크는 무엇이라고 보세요?

Case 3. 어떤 행동을 강요할 때(보편적 정서를 방패 삼을 때)

막연한 대중이나 보통 사람들의 의견 뒤에 숨어 상대의 행동을 통제할 때는 직접적인 의견을 묻는 질문을 하세요.

[Before: 남을 방패로 삼을 때]

A: 나, 30대지만 하루라도 어릴 때 피어싱해 보려고!

B: 요즘 나이에 피어싱하면 사람들이 이상하게 볼 텐데, 안 하는 게 좋지 않아?

[After: 분리 질문]

A: 나, 30대지만 하루라도 어릴 때 피어싱해 보려고!

B: 요즘 나이에 피어싱하면 사람들이 이상하게 볼 텐데, 안 하는 게 좋지 않아?

A: 누군가는 이상하게 볼 수도 있겠다. 너는 피어싱이 매력적이라고 느껴, 아니면 불편하다고 느껴?

진짜 용기는 '내 생각'을 말할 때 나옵니다

타인의 의견 뒤에 숨는 습관은 단기적으로는 안전할지 몰라도 장기적으로는 당신의 성장을 방해하고 신뢰를 갉아먹습니다. 나중엔 아무도 당신의 의견을 중요하게 생각하지 않게 되죠. "다른 사람이 그렇대."라는 핑계 대신 "나는 이렇게 생각해."라고 말할 줄 아는 용기가 필요합니다.

오늘부터 누군가 당신의 의견을 물을 때 잠시 멈추고 방패를 내려놓으세요. "우리 팀장님 말고, 제 생각은⋯."이라고 담백하게 말할 때 당신의 존재감은 훨씬 더 커질 겁니다. 타인의 의견은 참고 자료일 뿐입니다. 내 의견을 방패 뒤에 숨기지 마세요. 당신의 말이 당신의 주체성을 증명하는 가장 강력한 무기입니다.

"그냥, 아무거나."

대화를 툭툭 끊는 단답형 말하기

억지로 길게 말하지 말고 '특히'를 붙여 대화의 불씨 지피기

오랜만에 만난 친구와 카페에 갔습니다. 반가운 마음에 이것저것 물어보는데 친구의 반응이 영 시원찮습니다.

나: 요즘은 쉴 때 뭐하면서 쉬어?

친구: 그냥…, 릴스 봐. (정적)

나: 아, 그래? 휴가 때는 뭐해? 여행 가고 싶은 데는 없어?

친구: 일본…? (또다시 정적)

대화가 이어지질 않습니다. 질문을 던지면 마치 벽에 공을 던진 듯 툭 하고 튕겨 나가는 느낌입니다. 계속 이런 식이면 질문하는 사람도 지칩니다. 속으로 이런 생각을 하게 되죠. '얘는 나랑 대화하기

싫은가? 내가 귀찮나?' 그리고 감정은 점점 더 부정적으로 번져 나갑니다. '내가 뭐 화나게 한 일 있나?'

하지만 이렇게 단답형으로 말하는 이들의 속마음은 각기 다를 수 있습니다. 대화하기 싫어서가 아니라 말을 어떻게 자연스럽게 이어가야 할지 몰라서, 자신의 마음 또는 생각을 길게 설명하는 게 어색해서 짧게 끝내는 경우가 많죠. 개인적으로 감정 표현이 서툴거나 말주변이 없는 성향일 수도 있고요.

문제는 이 짧은 대답이 상대방에게는 거절이나 무관심 혹은 부정적 감정의 신호로 읽힌다는 점입니다.

억지로 길게 말하기보단 '특히'라는 핀을 꽂아 보세요

말주변이 없는데 억지로 수다쟁이가 될 필요는 없습니다. 문장을 길게 늘이려고 억지로 애쓰다 보면 오히려 횡설수설하게 되니까요. 이때 단어 하나만 문장에 섞어 주면 단답형 대답도 마법처럼 매력적인 대화로 바뀝니다. 바로 '특히'라는 부사입니다.

대화가 끊기는 이유는 전달된 정보가 너무 포괄적이기 때문입니다. "그냥, 릴스 봐."라고 하면 범위가 너무 넓어서 상대가 물어볼 게 없습니다. 이때 '특히'를 사용해 범위를 좁혀 주는 것입니다.

"나 요즘 영상 보면서 자기계발 하고 있어. 특히 스피치 채널을 자주 봐."

이렇게 '특히' 뒤에 구체적인 정보 하나만 던져 주면 상대방은 이를 근거로 다음 질문을 던질 수 있게 됩니다. "어? 스피치? 너 말하기 관심 있었어?" 하고 말이죠.

이 법칙은 '[큰 카테고리] + 특히 + [구체적 예시]'의 공식으로 이뤄집니다. 그냥 "일본 가고 싶어."라고 하면 대화가 끝납니다. 하지만 "일본 가고 싶어. 특히 교토의 고즈넉한 분위기가 좋더라고."라고 말하면 상대방은 "교토 좋지! 절이나 풍경 보는 거 좋아하는구나?"라며 자연스럽게 받아칠 수 있습니다. 이어 말한 구체적 정보가 대화를 이어 가는 마중물이 되는 거죠.

이처럼 '특히'라는 부사는 상대방에게 '내 취향은 이래요. 이 부분에 대해 더 물어봐 주세요.'라고 친절하게 문을 열어 주는 초인종과 같습니다.

단어 하나로 대화에 마중물 붓기

다음 연습을 통해 대화가 툭툭 끊기는 단답형 빌런에서 상대가 계속 말을 걸고 싶게 만드는 사람으로 변신해 볼까요.

Case 1. 근황을 물을 때
상대방이 근황을 물어 올 때 "그냥 지내." 또는 "별거 없어."라고 대답하면 대화는 끊어집니다.

[Before: 단답형 대답]

상대: 요즘 퇴근하고 뭐 해?

나: 그냥, 유튜브나 릴스 봐.

[After: '특히' 붙이기]

상대: 요즘 퇴근하고 뭐 해?

나: 나 요즘 영상 보면서 자기계발하고 있어. 특히 '보이스무드' 채널 보면서 스피치 공부하는 게 재밌더라고.

Case 2. 여행이나 희망 사항을 물을 때

어디 간다고만 말하지 말고 그 장소가 마음에 들었던 이유 등을 짚어 주세요.

[Before: 단답형 대답]

상대: 어디로 여행 가 보고 싶어?

나: 음… 일본?

[After: '특히' 붙이기]

상대: 어디로 여행 가 보고 싶어?

나: 나는 일본 가 보고 싶어. 특히 화려한 도쿄보다는 교토의 그 차분한 골목길을 꼭 걸어 보고 싶어!

Case 3. 음식 메뉴를 고를 때

많은 사람이 음식 메뉴를 고를 때 "아무거나."라고 대답하는데요, 이런 대답은 상대를 곤란하게 합니다. '특히'로 힌트를 주세요.

[Before: 단답형 대답]

상대: 점심 뭐 먹을래?

나: 아무거나. 다 괜찮아.

[After: '특히' 붙이기]

상대: 점심 뭐 먹을래?

나: 다 좋은데, 오늘 비도 오니까 국물 요리 당긴다. 특히 얼큰한 짬뽕 같은 거 어때?

당신의 취향을 구체적으로 보여 주세요

말이 짧다는 건 어쩌면 그동안 나라는 사람을 조금 덜 보여 주고 있었다는 뜻일지도 모릅니다. 하지만 그렇다고 해서 상대방이 당신의 일상이 궁금해서 질문할 때 일부러 거창한 대답을 할 필요도 없습니다. 그저 대답 끝에 '특히'를 붙이고 막 머릿속에 떠오르는 작은 단어 하나만 덧붙여 보세요.

단답이 마침표라면 '특히'는 쉼표입니다. 만약 '특히'가 어색하게 느껴진다면 '예를 들면', '왜냐하면'을 대신 써도 괜찮습니다. 말을 늘리려는 게 아니라 대화를 이어 갈 여지를 남기는 것이 핵심이니까요.

"그럼 굶어요?"

질문에 질문으로 받는 사람들의 심리

습관적 반박을 멈추고 대화의 물결을 타는 법

엘리베이터에서 마주친 직장 동료에게 반가운 마음에 인사를 건넸습니다.

"대리님, 점심 드시러 가세요?"

당연히 "네, 대리님도 식사하러 가세요?"라는 평범한 대답을 기대했는데 돌아온 대답은 제 예상을 완전히 빗나갔습니다.

"그럼 굶겠어요? 점심시간인데."

순간 말문이 막히고 얼굴이 화끈거렸습니다. 휴가를 다녀온 후배에게 "잘 다녀왔어?"라고 물었을 때도 마찬가지였습니다.

"잘 다녀왔으니까 출근했겠죠? 못 왔으면 병원 갔겠죠."

이런 사람들과 대화하고 나면 기가 빨리고, 다시는 말을 걸고 싶지 않아집니다. 도대체 왜 평범한 일상의 안부 인사를 '논리 대결'이나 '시비'로 받아들이는 걸까요? 대체 어떤 심리로 그렇게 말하는 걸까요?

대화를 '전쟁'처럼 하는 사람들

물론 그들 모두 악의를 품고 상대방을 공격하려는 건 아닐 겁니다 (정말 그렇다면 그건 인성 문제가 되겠지요). 대부분은 무의식적인 말 습관인 경우가 많습니다. 심리학적으로 보면 질문에 질문으로 받아치거나 습관적으로 반박하는 말투는 '방어기제'와 '인정 욕구'가 뒤섞인 결과입니다.

1. **주도권을 빼앗아 오기 위해:** 대화의 주도권을 내가 쥐고 싶다는 심리입니다. 상대의 질문에 순순히 대답하는 것을 '지는 것'으로 여기고, 까칠하게 받아쳐서 우위에 서려고 하는 심리적 반응입니다.

2. **논리적 우월감을 느끼기 위해:** 뻔한 질문(당연한 사실)을 하는 상대가 비논리적이라고 판단하고 '난 너보다 똑똑하고 빈틈없는 사람이야', '난 꼭 필요한 말, 논리적인 말을 하는 사람이야'라는 걸 과시하고 싶은 욕구입니다.

만약 주변에 이런 말 습관이 있는 지인이 있다면 꼭 얘기해 주세요. 대화는 논리 게임이 아니라 감정 교류입니다. 팩트로는 이겼을지 몰라도 관계에서는 처참하게 패배하고 있다는 사실을요.

정답을 맞히지 말고 마음을 맞추세요

상대방이 "밥 먹으러 가?"라고 물을 때 혹시라도 당신이 굶을까 봐 궁금해서 묻는 걸까요? 아닙니다. 그저 당신에게 말을 걸고 싶다, 대화하고 싶다는 신호를 보내는 겁니다. 그런 신호에 "그럼 굶냐?"라고 대답하는 건 악수를 청한 손을 쳐 내는 것과 같습니다.

날 선 반응을 멈추고 부드러운 대화를 하려면 다음 두 가지만 기억하세요.

첫째, 대화의 목표를 수정하는 겁니다. 누가 더 맞는 말을 하는지 따지며 경쟁하는 것이 아님을 염두에 두고, 어떻게 하면 기분 좋게 대화를 잘 마치고 헤어질지를 목표로 삼으세요. 만약에 상대방의 말에 반박하고 싶은 마음이 든다면 잠시 멈추고 '이게 굳이 이겨야 할 문제인가?'라고 자신에게 물어보세요.

둘째, '그렇죠', '그러게요' 같은 긍정의 말을 깔아 주세요. 상대의 말이 다소 의미 없는 얘기거나 뻔한 소리라는 생각이 들더라도 일단은 수긍해 주세요. 긍정적인 반응은 상대가 마음을 열도록 돕고 대화를 이어 가는 윤활유가 됩니다.

전투력을 쓰지 않는 대화법

무심코 튀어나오는 가시 돋친 말을 둥글게 다듬어 봅시다. 팩트보다 중요한 건 상대의 기분입니다.

Case 1. 뻔한 안부 인사를 받았을 때

듣기에 뻔한 안부 인사를 받았을 때 왜 그런 인사를 하는지 의아할 수도 있습니다. 하지만 사실 이렇게 인사한 상대방은 실제로 안부를 물은 게 아니라 관심을 표현한 겁니다.

[Before: 전투 모드]

A: 대리님, 휴가 잘 다녀오셨어요?

B: 잘 다녀왔으니까 출근했겠죠? 별일 있었으면 못 왔겠죠.

[After: 관계 모드]

A: 대리님, 휴가 잘 다녀오셨어요?

B: 네, 덕분에 잘 쉬고 왔습니다! 과장님은 휴가 다녀오셨어요?

Case 2. 당연한 상황을 물었을 때

당연한 상황을 묻는 질문을 했을 때, 상대는 상황을 몰라서 묻는 게 아니라 대화의 물꼬를 트고 싶은 겁니다. 이때는 상대의 마음을 알아채고 대화를 이어 가 보세요.

[Before: 전투 모드]

A: 어? 비 오네? 우산 가져왔어?

B: 일기예보 봤으면 당연히 가져왔겠지. 넌 안 가져왔어?

[After: 관계 모드]

A: 어? 비 오네? 우산 가져왔어?

B: 그러게, 갑자기 비가 오네! 다행히 챙겼어. 너는?

똑똑한 사람보다 따뜻한 사람이 이깁니다

세상에 당연한 질문은 없습니다. 모든 질문에는 당신을 향한 관심이 묻어 있으니까요. 누군가 당신에게 말을 걸어 올 때 논리의 칼날을 세우지 마세요. 대신 "아, 그렇네요!", "맞아요!" 하며 긍정의 맞장구를 쳐 주세요.

빈틈없이 똑똑해 보이는 사람은 존경을 받지만 빈틈을 허용하고 따뜻하게 받아 주는 사람은 사랑받습니다. 대화의 끝에서 우리가 얻어야 할 것은 승리가 아니라 사람이라는 걸 기억합시다.

"그래서 너는 어떻게 생각하는데?"

질문을 '반사'하는 사람들의 심리

대화를 독점하지 않고 마이크를 상대에게 넘기는 법

누군가와 대화할 때 마치 벽이 있는 듯 묘하게 튕겨 나오는 느낌이 들거나 나 혼자 떠드는 것 같은 기분이 든 적 있으신가요? 분명 대화는 오고 가는데 정신을 차려 보면 내 질문에 대한 상대방의 답이나 반응은 없고 결국 내 생각만 이야기하고 끝나는 상황이 전개됩니다.

> 나: 너는 이번 프로젝트 어떻게 생각해?
>
> 상대: 글쎄, 너는? 너는 어떻게 생각하는데?
>
>
> 나: 어제 그 일, 네 입장은 좀 어때?
>
> 상대: 근데 너는? 넌 어떻게 생각해?
>
> 나: 아니… 지금은 네 생각이 궁금해서 물어본 거잖아.

분명 내가 먼저 질문을 던졌는데 상대방은 마치 거울처럼 질문을 그대로 반사해 버립니다. 이런 대화가 반복되면 질문한 사람은 맥이 빠집니다. '내 말에 관심이 없나?', '왜 자기 속마음을 숨기지?' 하는 생각이 들면서 점점 소통이 안 된다는 느낌만 남죠. 결국 대화가 한쪽으로 치우치면서 일방통행이 됩니다. 그리고 대화뿐만 아니라 관계도 겉돌게 되죠.

이렇게 즉각적인 대답 대신 역질문counter-question을 하는 이유는 뭘까요? 단순히 대답하기 귀찮아서일까요? 심리학적으로 보면 이런 말하기 습관은 방어기제일 확률이 높습니다. 자기 생각이나 감정을 바로 드러냈다가 평가받거나 비판받을까 봐 두려운 마음이 무의식 속에 있는 거죠. 먼저 의견을 냈다가 책임을 져야 할까 봐, 내 속마음을 들키는 게 불안해서 가장 안전한 방법인 "너는?"이라는 방패 뒤로 숨는 겁니다. 일종의 '회피형 대화'라 할 수 있죠.

질문을 반사하는 건 '공격'이 아니라 속마음을 들키기 싫은 '방어' 행동입니다. 하지만 두려움 때문에 숨기만 하면 대화는 끊기고 맙니다. 대화는 단순히 정보를 교환하는 게 아니라 서로의 생각과 마음을 교환하는 것이니까요.

상대가 자꾸 질문 뒤로 숨으려 할 때 답답해 하며 다그치기보다는 '여기는 안전하니 너의 의견을 내도 돼'라는 신호를 보내 주는 건 어떨까요? 질문이 돌아올 때 같이 받아치지 말고 부드럽게 멈춰 세워 주세요. 그런 다음 상대가 방패를 내릴 수 있게 도와주세요.

가장 좋은 방법은 '순서'를 명확히 정해 주는 것입니다. 내 패를 보여 주지 않겠다는 게 아니라 단지 '너의 이야기를 먼저 듣고 싶다'라는 진심을 전하는 거예요.

방어막을 걷어 내고 마음을 듣는 기술

상대가 습관적으로 "너는?"이라고 되물을 때 말려들지 않고 대화의 주도권을 상대에게 따뜻하게 넘겨 주는 방법을 연습해 봅시다.

Case 1. 의견을 물을 때

의견을 물었는데 "너는 어때?"라며 책임을 미루는 상대에게 정답을 요구하는 게 아니라 '너의 관점'이 필요하다는 걸 알려 주세요.

[Before: 질문 반사하기]

나: 이번 기획안, 보이스무드 톤으로 가는 거 어때?

상대: 글쎄, 너는 괜찮은 것 같아?

[After: 순서 정하기]

나: 이번 기획안, 보이스무드 톤으로 가는 거 어때?

상대: 글쎄, 너는 괜찮은 것 같아?

나: 지금은 네 생각이 먼저 듣고 싶어. 네 감각을 내가 믿잖아.

Case 2. 감정을 물을 때

"왜 그렇게 생각해?"라며 논리로 방어하려는 상대에게 지금 이 대화는 검증의 자리가 아니라 이해의 자리임을 상기시켜 주세요.

[Before: 질문 반사하기]

나: 아까 그 말 들었을 때 기분이 어땠어?

상대: 넌 왜 그렇게 생각하는데? 너는 어땠는데?

[After: 안전지대 만들어 주기]

나: 아까 그 말 들었을 때 기분이 어땠어?

상대: 넌 왜 그렇게 생각하는데? 너는 어땠는데?

나: 내 입장은 정리됐어. 하지만 내 말이 네 생각에 영향을 줄까 봐 그래. 있는 그대로의 네 마음을 먼저 알고 싶어.

Case 3. 일상적인 선택을 할 때

"아무거나 너 좋은 걸로 하자."라며 결정을 떠넘기는 상대에게, 함께 결정하고 싶다는 의지를 보여 주세요.

[Before: 질문 반사하기]

나: 우리 저녁 뭐 먹을까?

상대: 너 먹고 싶은 거 없어? 네가 골라.

[After: 호기심 표현하기]

나: 우리 저녁 뭐 먹을까?

상대: 너 먹고 싶은 거 없어? 네가 골라.

나: 내가 고를 수도 있지만 오늘은 네 취향이 궁금해서 물어본 거야. 딱 하나만 힌트를 줄래?

불안해 하는 상대를 안심의 말로 대화에 끌어들이세요

질문을 던졌는데 벽에 튕기듯 바로 돌아온다면 그건 상대방이 아직 대화를 이어 갈 마음의 준비가 안 되었다는 뜻일지도 모릅니다. 그럴 때 똑같이 "아니, 너 먼저 말해."라고 밀어붙이면 대화는 분쟁이 됩니다. 그보다는 부드럽게 말해 주세요.

"지금은 내 의견을 보태기보다 네 생각을 조금 더 듣고 싶어."

"지금은 판단이나 의견보다 네 이야기를 충분히 듣는 게 더 중요할 것 같아."

이 한마디가 상대의 불안한 방어기제를 녹일 수 있습니다. 대답을 회피하는 사람은 사실 '내 이야기를 들어 줄 안전한 사람'을 기다리고 있는 것일지도 모르니까요.

사뿐한 말투 vs. 묵직한 말투

가벼운 친절함과 묵직한 신뢰감을 결정짓는 중력의 법칙

영상과 함께
확인해 주세요!

똑같은 문장인데 누군가가 말하면 솜사탕처럼 가볍게 떠다니는 것 같고, 누군가가 말하면 바위처럼 묵직하게 느껴집니다. 이 미묘한 차이는 대부분 목소리의 크기나 발음의 정확도에서 오는 게 아닙니다. 바로 '말끝이 향하는 방향'에서 옵니다. 한번 상상해 볼까요? 다음 두 가지 소리를 살펴봅시다.

A: 제가 ↗ 어제 ↗ 회사에서 ↗ 회의를 했는데요. ↗
B: 제가 ↘ 어제 ↘ 회사에서 ↘ 회의를 했습니다. ↘

A의 말투는 우리가 흔히 '사뿐사뿐한 말투'라고 부르는 화법입니다. 조사(은, 는, 이, 가)와 서술어의 끝을 살짝 들어 올리며 톡톡 뛰는

리듬을 타죠. 듣는 사람에게 상냥하고, 밝고, 에너제틱한 느낌을 줍니다. 하지만 이런 말투에는 치명적인 단점이 있습니다. 말이 공중에 붕 떠 있는 느낌을 주면서 어딘가 미숙해 보이고 확신이 부족해 보입니다. 이러면 커리어에서도 전문성을 인정받기가 어렵죠. 만약 책임감 있는 보고를 해야 하는 순간에조차 아이처럼 말한다면 상대는 당신의 전문성을 의심할 수밖에 없습니다.

반면 B의 말투는 말끝마다 묵직한 추가 달린 듯 아래로 툭툭 떨어집니다. 조사를 분명히 내려 주고 서술어의 끝을 지그시 눌러 주죠. 이런 말투는 땅에 단단히 발을 디딘 듯한 안정감을 줍니다. 듣는 사람은 무의식적으로 이 사람의 말은 믿어도 되겠다는 신뢰를 느끼게 됩니다.

이처럼 말하기에도 '중력'이 필요합니다. 사뿐한 말투는 공기처럼 가볍게 닿아 기분을 좋게 만들지만 금세 흩어집니다. 반면 묵직한 말투는 땅에 닿아 뿌리를 내리듯 상대의 기억 속에 오래 남습니다. 물론 무조건 무겁게만 말하라는 것은 아닙니다. 친구와 수다를 떨 때 너무 무게를 잡으면 어색하고 재미없겠죠. 하지만 비즈니스나 중요한 대화에서조차 습관적으로 말끝을 올리고 있다면 그 때문에 나의 이미지까지 가벼워질 수 있습니다.

말끝이 올라가면 '질문'처럼 들리고, 말끝이 내려가면 '확신'처럼 들립니다. 나의 말에 무게를 싣고 싶다면 지금부터 소리의 방향이 아래로 향하는 연습을 해 보세요. 신뢰는 공기 중에 날아다니지 않습니다. 땅 위에 단단하게 서 있습니다.

붕붕 뜨는 말끝을 내리는 법

습관적으로 올라가는 말꼬리는 의식하지 않으면 고치기 힘듭니다. 말할 때 내 입에서 나오는 소리가 바닥으로 툭 떨어진다고 상상하며 연습해 보세요.

Case 1. 자기소개할 때

말끝마다 소리를 올리는 버릇이 있다면 구어체 대신 문어체를 쓰는 연습을 해 보세요.

[Before: 공기 중으로 흩어지는 말]

"저는여 ↗ 마케팅팀의 ↗ 김 대리구여. ↗ 앞으로 잘 부탁드려여. ↗"

[After: 땅으로 안착하는 말]

"저는 ↘ 마케팅팀 ↘ 김 대리입니다. ↘ 앞으로 잘 부탁드립니다. ↘"

Case 2. 업무 보고나 발표를 할 때

조사(은/는/이/가)를 올리면 문장이 산만해집니다. 조사를 내리면 문장이 정돈됩니다.

[Before: 공기 중으로 흩어지는 말]

"이번 프로젝트는여 ↗ 예산이 문제인데여, ↗ 그래서 제가 생각해 봤는데여. ↗"

[After: 땅으로 안착하는 말]

"이번 프로젝트의 핵심은↘ '예산'입니다.↘ 이에 대한 대안으로↘ 두 가지를 준비했습니다.↘"

Case 3. 사과하거나 해명할 때

말끝이 올라가면 사과가 아니라 변명처럼 들립니다. 진심을 전하려면 소리를 무겁게 떨어뜨려야 합니다.

[Before: 공기 중으로 흩어지는 말]

"제가 일부러 그런 건 아니구여.↗ 오해가 좀 있으신 것 같은데여.↗"

[After: 땅으로 안착하는 말]

"제 의도는 그게 아니었습니다만↘ 결과적으로 심려를 끼쳐서 죄송합니다.↘"

당신의 말은 어디에 닿아 있나요?

어린아이들의 말투를 자세히 들어 보세요. 대부분 톤이 높고 말끝이 올라갑니다. 반면 우리가 존경하는 리더나 신뢰하는 멘토의 목소리를 떠올려 보세요. 아마 말끝이 차분하게 내려앉으며 말이 이어질 것입니다.

말의 꼬리를 내리는 순간 당신의 무게감은 올라갑니다. 지금 내가 하는 말이 공기 중으로 허무하게 흩어지고 있다고 느껴진다면 의식적으로 소리에 중력을 더해 주세요. "안녕하세요. ↗"가 아니라 "안녕하세요. ↘"라고 인사하고 "했습니다. ↗"가 아니라 "했습니다. ↘"라고 말하세요.

말끝의 높낮이 하나로 당신의 말은 공기처럼 흩어질 수도, 땅처럼 단단하게 남을 수도 있습니다. 당신의 이미지와 신뢰도는 말끝에 달려 있습니다.

대화의 문을 쾅 닫아 버리는 말 습관

상대를 무안하게 하는 '종결 신호'를 '연결 신호'로 바꾸는 법

친구에게 칭찬을 건네거나 새로운 계획을 말했을 때 혹은 진지한 고민을 털어놓았을 때 돌아오는 이런 반응, 겪어 보신 적 있나요?

나: 와, 오늘 머리 스타일 되게 예쁘다!

친구: 뭐래.

나: 나 오늘부터 다이어트하려고!

친구: 뭐래, 작작 좀 먹어.

나: 내가 진짜 원하는 게 뭔지 요즘 계속 생각하게 돼.

친구: 아, 얘 진짜 뭐래. 술이나 마셔.

간혹 습관처럼 "뭐래."를 입에 달고 사는 분들이 있습니다. 본인은 쑥스러워서 혹은 분위기를 너무 진지하게 만들고 싶지 않아서 농담조로 가볍게 던지는 한마디일 수도 있죠. 하지만 듣는 사람은 순식간에 말문이 막힙니다. 나의 호의, 나의 결심, 나의 고민이 1초 만에 쓸데없는 소리가 되었다는 느낌 때문입니다.

"뭐래."는 쑥스러움을 감추는 방패가 아니라 상대의 말문을 막는 **도구입니다.** 대화 전문가들은 심지어 대화 종결 신호termination signal로 봅니다. 이 말이 나오는 순간 상대방의 발화 의도는 무시되고 주제가 증발해 버리기 때문이죠. 상대방은 '더 이상 그 주제로 깊게 이야기하고 싶지 않다', '네 말은 이어 갈 가치가 없다'라는 강력한 거절의 메시지를 들은 느낌입니다. 결국 상대방은 무안해져서 "그래, 너랑 무슨 얘길 하겠냐." 하면서 마음의 문을 닫게 됩니다. 그럼에도 "뭐래."를 습관처럼 반복한다면 당신의 주변에는 가벼운 농담만 남고 진지한 소통은 사라질 것입니다.

그렇다면 이 습관을 어떻게 고쳐야 할까요? "뭐래."가 튀어나오려는 순간 상대방이 말한 중요한 단어를 낚아채는 연습을 해야 합니다. 이를 반사적 경청reflective listening이라고 합니다. 거울처럼 상대의 말을 비춰 주는 것이죠. 친구의 말에서 핵심 키워드를 하나만 골라 그대로 다시 짚어 주세요.

"다이어트하려고!" → "오, 다이어트?"

"생각하게 돼." → "아, 요즘 생각이 많구나?"

별다른 리액션 없이 단어만 반복했을 뿐인데도 상대방은 '내 이야기에 관심이 있구나'라고 느끼며 대화를 이어 갈 힘을 얻습니다. 부정적인 뉘앙스는 사라지고 대화의 물꼬가 트이죠.

상대의 말을 '반사'해서 공감을 표시하세요

내가 "뭐래."를 자주 쓰는 사람이라면 경청의 기술이 필요하고, 친구가 "뭐래."를 자주 쓴다면 돌파의 기술이 필요합니다.

Case 1. 상대방을 당기고 싶다면 '경청하고 반사하기'

습관적으로 사용하는 "뭐래."는 상대방을 밀어냅니다. 당기고 싶다면 그 사람의 말을 따라 해 보세요. 상대의 단어를 내 입으로 다시 말하는 것, 그것이 공감의 첫걸음입니다.

[Before: 습관적인 '뭐래']

친구: 나 이번에 영어 학원 등록했어! 진짜 열심히 해보려고.

나: 뭐래. 며칠이나 가나 보자. (대화 종료)

[After: 경청하고 반사하기]

친구: 나 이번에 영어 학원 등록했어! 진짜 열심히 해보려고.

나: 오, 영어 학원? (반사하기) 바쁠텐데 대단하네!

Case 2. 무례한 리액션에는 '긍정으로 덮기'

친구가 "뭐래." 하면서 내 말을 무시할 때 상처받고 입을 다물지 마세요.

오히려 더 강한 확신으로 대화의 키를 다시 가져오세요. 상대방의 무례한 농담에 웃어 주지 마세요. 정색 대신 '정확한 요구'를 할 때 대화가 바로잡힙니다.

[Before: 습관적인 '뭐래']

나: 나 요즘 이직 문제로 진짜 고민이 많아.

친구: 에이, 뭐래. 배부른 소리 하고 있네. 술이나 마셔.

[After: 정면 돌파]

나: 나 요즘 이직 문제로 진짜 고민이 많아.

친구: 에이, 뭐래. 배부른 소리 하고 있네. 술이나 마셔.

나: 뭐래가 아니라 진짜야! (단호하게) 나 진짜 심각하니까 너도 진지하게 반응해 줘!

Case 3. 칭찬에 쑥스럽다면 '솔직하게 인정하기'

칭찬을 "뭐래."로 쳐내는 건 겸손이 아니라 거절입니다. 쑥스러울 땐 차라리 솔직하게 인정하세요.

[Before: 습관적인 '뭐래']

친구: 오늘 옷 스타일 완전 찰떡이다!

나: 뭐래. 이거 그냥 주워 입은 거야.

[After: 감사 표현]

친구: 오늘 옷 스타일 완전 찰떡이다!

나: 오, 스타일? (키워드 반복) 그렇게 봐 주니 고맙네. 신경 좀 썼지!

당신이 무심코 던진 "뭐래." 한마디에 상대는 다시는 당신에게 속마음을 꺼내지 않기로 했을지도 모릅니다. "뭐래." 대신 상대의 말을 반사하듯 따라 해 보세요. 그것이 가장 쉬운 경청입니다.

질문만 받으면 도망가는 사람들의 심리

책임을 회피하는 방어적 대화법 탈출하기

회의 시간에 혹은 다 같이 식사 메뉴를 정하는 가벼운 자리에서 이런 장면을 자주 목격할 수 있습니다.

팀장: 이 안건에 대해서는 어떻게 생각하세요?

팀원: 네? 저요? 아…, 저 말씀이세요?

팀장: 오늘 점심 뭐 먹을까요? 드시고 싶은 거 있으세요?

팀원: 어…, 저요? 저는 다 괜찮은데…. 팀장님은요?

분명 대화의 흐름상 내 차례가 왔고 자연스럽게 내 의견을 말해야 할 타이밍입니다. 그런데 마치 도망치다 잡힌 사람처럼 소스라치게 놀라며 이렇게 되묻습니다. "네? 저요?" 그러고는 황급히 "저는 잘 모르겠어요.", "아무거나 좋아요."라며 질문의 화살을 다른 곳으로 돌려 버리죠.

한두 번은 겸손하게 보이거나 신중한 성격으로 보일 수 있습니다. 하지만 매번 이런 반응을 보이면 상대방은 답답함을 느낍니다. '도대체 무슨 생각을 하는 걸까?', '책임지기 싫어서 발을 빼는 건가?'라는 오해를 사기도 하죠. 질문을 피하는 건 배려가 아닙니다. 대화라는 공놀이에서 나만 공을 받지 않겠다는 책임 회피와 같습니다.

심리학에서 보자면 질문을 받았을 때 반사적으로 방어막을 치는 사람들의 내면에는 '두려움'이 깔려 있습니다.

첫째, 실수할까 봐 두렵습니다. 내 의견이 정답이 아닐까 봐, 내 생각이 촌스럽거나 별로라고 평가받을까 봐 입을 다무는 거예요. 이들에게 질문은 대화의 소재가 아니라 반드시 맞혀야 하는 시험 문제처럼 느껴집니다.

둘째, 책임지기 싫은 마음입니다. 내가 "A 안이 좋겠습니다."라고 했다가 결과가 나쁘면 비난받을까 봐 혹은 "짬뽕 먹자."라고 했다가 맛이 없을까 봐 결정권을 남에게 미루는 거예요. 이를 흔히 '착한 아이 콤플렉스', '지나친 눈치 보기'로 포장하지만 냉정히 말하면 내 몫의 책임을 지지 않으려는 회피입니다.

남의 의견에 묻어가는 건 안전합니다. 하지만 그 안전함이 당신을 존재감 없는 사람으로 만듭니다. "네? 저요?"라는 말버릇은 자신을 주변인으로 만드는 단어입니다. 대화의 테이블에 앉아 있다는 건 누구나 1인분의 의견을 낼 자격과 의무가 있다는 뜻이죠. 당신의 생각과 답변은 평가의 대상이 아니라 우리의 대화를 풍성하게 만드는 재료가 된다는 걸 기억하세요. 이제는 방어벽을 거두고 내게 온 질문을 편안하게 받아들이는 방법을 고민해 볼 때입니다.

"저요?"를 지우고 내 생각을 꺼내는 3단계 훈련

습관적으로 나오는 "네? 저요?"를 멈추는 것만으로도 훨씬 당당해 보입니다. 완벽한 대답을 하려 하지 말고 단순히 나의 상태를 공유해 보세요.

Step 1. 시간을 벌기 위한 "저요?" 금지

당황해서 "네? 저요?"라고 되묻는 건 생각할 시간을 벌기 위한 무의식적인 시간 끌기입니다. 차라리 솔직하게 시간을 요청하세요. 당황해도 괜찮습니다. 단 뒷걸음치지 말고 그 자리에서 생각하세요.

[Before: 회피형 반응]

"네? 저요? 어…, 글쎄요…. 저는 잘…."

[After: 능동형 반응]

"음, 잠시만요. 생각을 좀 정리해 볼게요."

"갑작스러운 질문이라, 30초만 고민해 봐도 될까요?"

Step 2. 사소한 취향부터 드러내기

회사 또는 조직에서 의견을 내는 게 부담스럽다면 정답이 없는 취향부터 말하는 연습을 해 보세요. '아무거나'는 배려가 아닙니다. 보기를 하나라도 줄여 주는 것이 진짜 배려입니다.

[Before: 눈치 보는 반응]

"저는 다 괜찮아요. 팀장님 드시고 싶은 거 드세요."

[After: 취향 제시 반응]

"저는 오늘 좀 매콤한 게 당기긴 하는데, 팀장님은 어떠세요?"

Step 3. 의견에 '안전장치' 걸기

내 말이 틀릴까 봐 무섭다면 말 앞에 겸손한 전제를 깔아 두세요. 그러면 심리적 부담이 확 줄어듭니다.

[겸손과 배려의 안전장치]

"제가 잘 모르지만, 개인적으로 소비자 입장에서 말씀드리면…."

"정답은 아닐 수 있지만, 제 경험에 비추어 보면…."

많은 사람이 갑자기 지목을 당하면 '왜 나한테 묻지? 나를 시험하나?'라고 생각하며 긴장합니다. 하지만 질문자의 의도는 대부분 단순합니다. '너의 생각이 궁금해', '네가 이 대화에 참여했으면 좋겠어'라는 것이죠. 즉 질문은 당신을 곤란하게 만들려는 공격이 아닙니다. 틀려도 괜찮습니다. 당신의 생각보다 더 정확한 정답은 없습니다.

다음에 누군가 "OO 씨는 어떻게 생각해요?"라고 묻는다면 소스라치게 놀라면서 "네? 저요?"라며 도망가지 마세요. 당당하게 자기 생각을 말하는 태도는 당신을 눈치 보는 사람에서 소신 있는 사람으로 바꿔 줄 것입니다. "저요?"는 자신감 없는 습관입니다. 질문을 받으면 "음, 저는요….''라는 말로 시작해 보세요.

말없이 고개만 끄덕이는 리액션은
오해를 부를 뿐

차가운 침묵을 따뜻한 대화로 바꾸는 법

손님: 혹시 저기 창가 자리로 옮길 수 있을까요?

직원: …. (빤히 쳐다보다가 끄덕)

직원: 주문하시겠어요?

손님: …. (말없이 카드 내밀며 끄덕)

직원: 영수증 필요하세요?

손님: …. (무표정으로 고개 가로젓기)

식당이나 카페 혹은 일상적인 대화 상황에서 한 번쯤 이런 상황을 겪은 적이 있을 텐데요, 분명 의사소통은 되었습니다. 긍정인지 부정인지 알 수는 있죠. 하지만 기분은 썩 좋지 않습니다. 상대방이 마치 감정이 없는 로봇 같기도 하고 나를 귀찮아하는 것처럼 느껴지기 때문입니다. 특히 마스크를 쓰고 있거나 표정이 없는 상태에서 눈만 껌벅이거나 고개만 까딱하면 그 행동은 '무시'나 '거만함'으로 비치기 쉽습니다.

물론 그런 행동을 한 사람은 악의가 없었을 거예요. 갑작스러운 질문에 당황해서 말이 안 나왔거나 어떤 말을 해야 할지 몰라 몸이 먼저 반응한 것일 수도 있죠. 하지만 커뮤니케이션에서 '의도'보다 더 중요한 것은 '전달된 인상'입니다. 침묵은 빈 공간입니다. 당신이 아무 말도 하지 않으면 상대는 빈 공간을 부정적인 상상으로 채워 넣습니다.

말없이 고개만 끄덕이는 행동이 위험한 이유는 '소리의 부재' 때문이에요. 사람은 보통 상대방의 목소리 톤과 단어를 통해 감정을 파악합니다. 그런데 소리가 없고 무표정한 얼굴과 기계적인 동작만 남으면 뇌는 이 상황을 불친절 혹은 공격성으로 해석합니다. '내 말이 들리긴 한 건가?', '내가 뭐 잘못했나?', '지금 나를 무시하는 건가?'라며 오해하는 거예요.

말보다 먼저 튀어나온 나의 무뚝뚝한 반응이, 나의 인격을 대변하는 태도가 되어 버리는 안타까운 상황이죠. 이를 막으려면 아무 말 없이 고개만 끄덕이거나 눈만 깜빡이는 몸짓을 멈추고 입을 열어 소리를 내야 합니다. 침묵의 공백을 안전한 단어로 메우는 기술, 어떻게 연습하면 좋을까요?

침묵을 깨고 온기를 채우는 세 가지 반응 공식

고개를 끄덕이기 전에 먼저 소리를 내세요. 짧은 단어 하나라도 내뱉으면 기계적이었던 관계가 인간적인 소통으로 바뀝니다.

Case 1. 버퍼링이 걸릴 땐 "잠시만요."

당황해서 말이 안 나올 때 멍하니 쳐다보거나 "네?" 하고 얼버무리지 마세요. "잠시만요."라고 분명히 말함으로써 '나는 당신의 말을 처리 중입니다'라는 신호를 보내야 합니다. 생각 중일 때는 생각 중이라고 말해서 침묵을 기다림으로 바꿔 보세요.

[Before: 침묵의 행동]

A: 저기요, 창가 자리로 옮겨도 될까요?

B: (침묵. 빤히 쳐다봄)

A: 안 된다는 거야? 뭐야?

[After: 말 먼저 하기]

A: 저기요, 창가 자리로 옮겨도 될까요?

B: 아, 잠시만요. 자리가 있는지 제가 한번 확인해 볼게요.

Case 2. 할 말이 없을 땐 '리포맷팅'

단답형 대답 대신 상대의 질문을 앵무새처럼 한 번 더 언급해 주세요. 이것만으로도 훌륭한 대답이 될 수 있습니다. 스피치 이론에서는 이를 리프레이징rephrasing(바꿔 말하기)이라고 합니다. 상대의 질문을 반복하는 것은 시간 낭비가 아닙니다. '당신의 말을 존중합니다'라는 메시지를 전하는 가장 확실한 리액션입니다.

[Before: 침묵의 행동]

A: 영수증 필요하세요?

B: (귀찮다는 듯 고개를 젓기)

[After: 리포맷팅]

A: 영수증 필요하세요?

B: 아, 영수증 필요하냐고요? 아뇨, 괜찮습니다.

Case 3. 시선과 미소로 비언어적 태도 교정하기

말을 예쁘게 해도 눈빛이 공격적이면 소용없습니다. 부담스러운 시선을 거두고 표정의 긴장을 푸세요.

[Eye Contact]

정면으로 빤히 쏘아보지 마세요. 시선을 눈썹 사이, 코끝, 턱 라인 주변에 부드럽게 두면 훨씬 자연스럽습니다.

[Face Muscle]

입을 꾹 다물고 있으면 화난 사람처럼 보입니다. 입술에 힘을 빼고 '으'하는 느낌으로 광대를 살짝 올려 미소를 머금으세요.

[Gesture]

고개를 삐딱하게 기울이거나 턱을 치켜들지 마세요. 무심하거나 도전적인 인상을 줍니다.

고갯짓은 제스처일 뿐 언어가 될 수 없습니다

가끔은 시간이 없거나 귀찮기도 해서 말하는 대신 간단한 손짓이나 고갯짓으로 대화를 끝내 버릴 때가 있습니다. '말 안 해도 알겠지', '이 정도면 통했잖아'라고 생각하면서요. 하지만 비언어적 태도는 말의 맛을 살려 주는 양념 역할을 할 수는 있어도 말 자체를 대신하는 메인 요리가 될 순 없습니다. 양념만 가득하고 재료가 없는 요리를 내놓으면 손님은 당황할 수밖에 없죠.

특히 서비스직이나 낯선 사람과의 대화에서 침묵은 금이 아니라 독이 됩니다. 아무리 바빠도 아무리 할 말이 바로 떠오르지 않아도 고개만 까딱거리는 무음 모드는 해제해 주세요. 고개만 끄덕이면 상대에 대한 존중이 사라집니다. "네, 알겠습니다."라고 소리 내어 답해 주세요. 말하는 수고로움을 감수하는 것, 바로 친절의 시작입니다.

제4장

마음을 잘 표현하는 것도
기술입니다

나의 말하기는 어디쯤 와 있을까?

마음은 표현하지 않으면 알기 어렵습니다. '말 안 해도 알겠지'라는 생각으로 삼켜 버린 진심은 결국 상대에게 닿지 못한 채 오해의 씨앗이 되기도 합니다. 이 장에서는 사람들에게 고마움과 미안함 그리고 사랑을 제때 올바른 언어로 전하고 있는지 점검해 봅니다. 서툴더라도 표현하려고 애쓰는 순간 당신의 투박한 진심은 상대에게 귀한 선물이 됩니다. 묵혀 둔 마음을 꺼내어 따뜻한 언어로 표현해 보세요.

서운한 점이 있어도 "괜찮아."라고 말하고 속으로 끙끙 앓는다. ☐

부탁을 거절하는 것이 어려워 억지로 들어주고 나중에 후회한다. ☐

내 의견을 물으면 "아무거나.", "다 좋아.", "상관없어."라고 대답하는 경우가 많다. ☐

고맙다고 말할 때 쑥스러워서 퉁명스럽게 말하거나 생략한다. ☐

돌려서 말하거나 힌트를 주면서 상대가 알아서 챙겨 주길 바란다. ☐

"음….", "저기…." 같은 군더더기 말을 많이 쓰고 말끝을 흐린다. ☐

내 생각이나 감정을 말로 표현하는 게 서툴고 어렵게 느껴진다. ☐

누군가에게 선물을 줘도 생색내는 것 같아 아무 말 없이 툭 건넨다. ☐

기분이 태도가 되어, 말하지 않아도 표정으로 불편함을 다 드러낸다. ☐

구체적으로 설명하기가 귀찮아서 "그냥.", "몰라." 같은 단답형으로 대답한다. ☐

중요한 이야기를 할 때면 너무 긴장해서 횡설수설하거나 머릿속이 하얘진다. ☐

좋으면 좋다, 싫으면 싫다고 분명하게 의사 표현을 하지 못한다. ☐

나의 노력을 상대가 알아주지 않으면 말없이 토라지곤 한다. ☐

대화의 분위기를 깰까 봐 내 솔직한 감정을 숨긴 적이 자주 있다. ☐

"사랑해.", "보고 싶어." 같은 애정 표현은 오글거려서 절대 못 한다. ☐

습관적 사과는
당신의 자신감을 갉아먹는다

사과하지 않고도 충분히 정중해지는 "잠시만요."의 마법

길을 걷다가 앞사람을 비켜 지나가야 할 때나 카페에서 직원을 부를 때 등 누군가에게 일상적인 요청을 할 때 나도 모르게 입버릇처럼 튀어나오는 말이 있습니다.

"죄송한데요, 저 좀 지나갈게요."
"죄송한데요, 다시 한번 말씀해 주시겠어요?"
"죄송한데요, 혹시 이거 먼저 부탁드려도 될까요?"

발을 밟은 것도 아니고, 상대에게 피해를 준 것도 아닌데 우리는 왜 "죄송하다."라며 사과부터 하는 걸까요? 심리학에서는 이를 타인에게 폐를 끼치지 않으려는 방어기제이자 상대의 영역을 침범하는

것에 대한 부담을 줄이려는 '정중함 전략'politeness strategy의 일환으로 봅니다. 자신을 낮추고 들어감으로써 상대의 공격성을 미리 차단하려는 무의식적인 생존 본능인 셈이죠.

하지만 문제는 이 정중함 전략이 과하게 반복될 때 발생합니다. 잘못하지 않았는데 자꾸 사과하면 우리의 뇌는 무의식적으로 '나는 가해자다', '나는 을이다'라고 인식할 수 있습니다. 듣는 사람 역시 처음에는 예의 바르다고 생각하겠지만 사과가 반복되면 무의식적으로 상대를 만만한 사람 혹은 자신감 없는 사람으로 낮잡아 볼 수도 있습니다.

습관적인 사과는 겸손이 아닙니다. "죄송합니다."라는 무거운 사과의 말 대신 상황을 환기하고 주의를 끄는 가벼운 신호만 주어도 충분합니다. 가장 손쉬운 표현으로는 "잠시만요!"가 있는데요. 사과 대신 흐름을 조율하는 이 당당한 단어로 당신의 자존감을 지켜 보세요.

'죄송함'을 버리고 '당당함'을 채우는 언어 교체

입에서 "죄송한데요."가 튀어나오려 할 때 혀끝에서 멈춰 주세요. 그리고 그 자리에 "잠시만요." 혹은 상황에 맞는 기능적 표현을 채워 넣어 보세요.

Case 1. 길을 지나갈 때

[Before: 습관적 사과]

"죄송한데요, 저 좀 지나갈게요."

[After: 정중한 환기]

"잠시만요! 저 좀 지나가겠습니다."

"실례합니다. 지나갈게요!"

Case 2. 한 번 더 설명을 요청할 때

[Before: 습관적 사과]

"죄송한데요, 다시 한번 말씀 주시겠어요?"

[After: 정중한 요청]

"잠시만요. 잘 안 들려서 그러는데 다시 한번 말씀해 주시겠어요?"

Case 3. 일과 관련된 부탁을 할 때

[Before: 습관적 사과]

"죄송한데요, 혹시 이거 먼저 처리 부탁드려도 될까요?"

[After: 정중한 부탁]

"잠시만요! 정말 급한 건이라 그런데, 혹시 이거 먼저 처리해 주실 수 있을까요?"

사과는 실수했을 때만 하세요

우리는 착한 사람이 되고 싶어서 혹은 미움받기 싫어서 너무 많은 사과를 낭비하며 살고 있는지도 모릅니다. 하지만 기억하세요. "죄송합니다."는 당신이 명백한 실수를 했거나 상대에게 피해를 주었을 때 사용하는 소중한 '치유의 언어'입니다. 일상의 작은 일에 쉽게 남발해 버리면 정작 진짜 사과가 필요할 때 그 무게감이 사라집니다.

고개를 너무 자주 숙이면 정작 앞을 봐야 할 때 시야를 놓치게 됩니다. 오늘부터 낯선 이에게 말을 걸거나 길을 비켜 달라고 할 때는 습관적으로 나오던 "죄송한데요."를 멈추고, 밝은 목소리로 "잠시만요."라고 말을 시작해 보세요.

"잠시만요!"

"실례합니다!"

"혹시, 괜찮으시면…."

사과를 걷어 낸 그 자리에 당신의 자신감과 여유가 조금씩 채워질 거예요.

"근데, 그게 사실은…."

사과를 망치는 변명 습관 고치기

신뢰를 회복하는 사과의 4단계 기술

혹시 직장이나 가정에서 누군가에게 사과를 받을 때 이런 말을 들어본 적 있나요?

"팀장님, 보고서가 늦어진 게요…. 사실은 어젯밤에 컴퓨터가 갑자기 꺼져서요. 아, 그것만 아니었어도 마감 시간 맞출 수 있었는데요!"

"미안해! 근데 사실은 내가 늦은 게 아니라 집 앞에서 택시가 안 잡혀서 어쩔 수 없었어."

이런 변명의 말을 듣는 순간 우리는 본능적으로 기분이 나빠집니다. 변명이 섞이면 사과의 진심을 희석해 버리기 때문이죠. 핑계 대는 말은 백 문장, 천 문장을 말해도 잘못한 일이 사라지지 않습니다. 오히려 듣는 사람은 '이 사람은 자신의 잘못을 인정하지 않고 상황 탓만 하는구나'라는 인상을 받습니다.

변명의 '콤마'는 사과가 아닙니다

우리가 변명하는 이유는 지극히 인간적인 자기방어 기제 때문입니다. 자신의 자존심에 상처를 입히지 않기 위해 외부 요인을 탓하며 책임을 분산시키려는 것이죠.

문제는 사과 문장에 '근데', '사실은', '아, 그것만 아니었어도'와 같은 변명의 콤마가 붙는 순간, 앞서 했던 사과의 말이 조건부 사과로 변질된다는 점입니다.

"미안해. (사과) 근데 사실은 내가 아파서…. (변명)"

이렇게 말하면 듣는 사람은 '네가 아픈 건 알겠는데, 그래도 잘못한 건 잘못한 것이다'라고 판단하거나 사과의 진정성 자체를 의심하게 됩니다. 사과하는 상황에서는 오로지 잘못에 집중해야 합니다. 변명은 사과의 완벽한 마침표를 흐리게 만들고, 신뢰 회복의 문을 닫아 걸게 합니다.

신뢰를 재구축하는 4단계 사과 프로세스

진정한 사과는 변명 뒤에 숨지 않습니다. 당신이 얼마나 상황을 통제하고 책임질 준비가 되어 있는지 보여 주는 신뢰 회복 프로세스를 따라 차근차근 표현해야 합니다. 만일 다음에 실수하게 된다면 일단 감정을 추스르고 아래의 네 단계를 따라가 보세요.

단계	행동 및 표현	효과
1단계	잘못 인정하기	실수한 것에 대해 구체적이고 단호하게 책임을 받아들임.
2단계	공감 표현하기	상대방이 받은 피해나 실망감을 언급하며 위로.
3단계	해결책 제시하기	과거가 아닌 미래에 집중, 재발 방지책을 명확히 제시.
4단계	신뢰 회복하기	다시 한번 사과하며 관계 회복에 대한 의지 강조.

변명 없이 사과하기 연습

핑계를 나열하는 대신 4단계 프로세스를 활용해 관계를 더 단단하게 만드는 사과를 연습해 봅시다.

Case 1. 마감 기한을 지키지 못했을 때
가장 흔한 직장 내 실수 또는 보고서 제출이 늦어졌을 때는 다음과 같은 4단계 사과 프로세스를 따라 해 보세요.

[Before: 변명하기]

"팀장님, 보고서 제출이 늦어졌습니다. 아침에 서버가 멈춰서요. 그거만 아니었으면 딱 맞췄는데…, 죄송합니다."

[After: 4단계 사과]

1. 인정: "팀장님, 보고서 제출이 늦어졌습니다. 제 실수입니다."

2. 공감: "믿고 맡겨 주셨는데 실망을 드린 것 같아 죄송합니다."

3. 해결책: "마감 기한을 철저히 관리하도록 개인 알림 시스템을 설정하고, 제출 한 시간 전 최종 검토를 습관화하겠습니다."

4. 다짐: "다시 한번 죄송합니다. 앞으로 더 철저히 준비하겠습니다."

Case 2. 중요한 약속을 잊었을 때

친구 또는 가족에게 한 약속을 깜빡 잊고 실망감을 주었을 때는 다음과 같이 사과해 보세요.

[Before: 변명하기]

"미안해. 깜빡했어. 어제 일이 너무 많아서 정신이 없었거든. 문자라도 보냈어야 했는데…."

[After: 4단계 사과]

1. 인정: "정말 미안해. 약속을 내가 완전히 잊었어."

2. 공감: "네가 얼마나 서운했을지 생각하니 정말 속상하더라."

3. 해결책: "앞으로는 내가 따로 달력에 기록하고 전날 알림을 설정할게."

4. 다짐: "다시 한번 미안해. 다음부턴 절대 이런 일 없을 거야."

Case 3. 제품/서비스에 명백한 오류가 있었을 때

고객에게 전달된 자료에 명백한 데이터 오류가 발견되었을 때는 다음과 같이 사과할 수 있습니다.

[Before: 변명하기]

"죄송합니다. 담당자가 바뀌는 바람에…. 최종 점검 과정에서 사소한 실수가 있었던 것 같습니다."

[After: 4단계 사과]

1. 인정: "고객님, 데이터에 오류가 있었습니다. 이건 저희의 명백한 실수입니다."
2. 공감: "중요한 업무에 혼란을 드린 점 진심으로 사과드립니다."
3. 해결책: "오류 데이터를 즉시 수정해 발송했으며, 앞으로 3단계 검수 시스템을 도입하여 재발을 방지하겠습니다."
4. 다짐: "불편하게 해드려 깊이 사과드립니다. 재발 방지를 통해 더 신뢰받는 서비스로 보답하겠습니다."

사과하는 말하기에 불필요한 변명은 빼 주세요

우리는 완벽하지 않기에 실수를 합니다. 하지만 실수했을 때 그 실수를 대하는 방식이 바로 우리의 인격과 신뢰도를 결정합니다. 변명을 늘어놓는 것은 과거에 갇혀 상황 탓을 하는 것이지만 4단계 사과 프로세스는 현 상황에 집중해 재발을 막겠다는 책임감을 보여 주는 것입니다.

사과할 때는 변명을 생략하세요. 듣는 사람이 변명이라도 해 보라고 하지 않았다면 굳이 말할 필요가 없습니다. 오직 잘못, 공감, 해결책, 다짐, 이 네 가지 요소에 집중할 때 우리의 사과는 관계를 끊는 마침표가 아니라 더 깊은 신뢰를 구축하는 튼튼한 주춧돌이 될 겁니다.

높고 얇은 목소리가 고민이라면

내 안의 '호랑이'를 깨우는 소리 연기법

영상과 함께
확인해 주세요!

중요한 발표에서 촬영된 자신의 프레젠테이션 영상을 보거나 우연히 녹음된 통화 목소리를 들었을 때 많은 사람이 놀라곤 합니다. 자기 목소리가 다른 사람들에게 이렇게 들리나 싶어서죠.

"내 목소리가 이렇게 얇고 앵앵거렸나?"
"왜 이렇게 힘이 없고 아이 같은 말투지?"

분명 진지하게 말하고 있는데 소리가 너무 가볍게 떠서 신뢰감을 주지 못할 때가 있습니다. 이렇게 소리에 무게감이 없으면 듣는 사람은 무의식적으로 화자를 미숙하게 여기거나 자신감이 없는 사람으로 평가하기 쉽습니다.

목소리에 고민이 있는 분들은 대부분 목소리의 음역대를 한정적으로 쓰고 있는 경우가 많습니다. 마치 피아노 건반이 88개나 있는데 항상 높은음자리표의 얇은 건반 몇 개만 두드리며 연주를 하는 것과 같죠. 하지만 우리 목소리에는 아직 한 번도 써 보지 않은 깊고 울림 있는 저음의 건반들이 숨겨져 있죠. 그 숨겨진 건반을 찾아내는 가장 빠르고 재미있는 방법이 있습니다. 바로 '소리 연기'입니다.

잠시 동화 속 주인공이 되었다고 상상해 보세요. 그리고 역할극을 통해 내 목소리의 두 가지 극단적인 가면을 써 보는 겁니다. 하나는 귀여운 '토끼', 다른 하나는 무서운 '호랑이'가 되어서 말이죠.

목소리를 바꾸는 건 결코 변조가 아닙니다. 내 안에 잠들어 있던 원석을 캐내는 과정입니다. "갑자기 무슨 연기야?" 하며 어색할 수도 있습니다. 연기하면서도 스스로 민망스러울 수 있죠. 하지만 이 훈련은 단순히 흉내 내기가 아닙니다. 평소 쓰지 않던 성대 근육과 호흡 기관을 자극해서 목소리의 그릇(공명 범위)을 넓혀 주는 기초 근육 훈련입니다.

자, 방문을 살짝 닫고 저와 함께 내 안의 소리를 찾으러 가 볼까요? 다양한 소리를 낼 줄 아는 사람만이 상황에 딱 맞는 최적의 목소리를 선택할 수 있습니다.

토끼에서 호랑이로 그리고 '나'에게로

우리의 먼저 목표는 얇은 소리(토끼)를 경험하고, 다음으로는 단단한 소리(호랑이)의 감각을 익히고, 이를 세련된 내 목소리(사람)로 다듬는 것입니다. 다음과 같이 3단계로 연습해 봅시다.

Step 1. 귀엽고 가볍게 말하기 "안녕, 나는 토끼야!"

먼저 평소 친절하게 말할 때의 톤보다 더 과하게 '귀여운 토끼처럼' 입꼬리를 올리고 톤을 높여서 말해 보세요.

[Practice]

"안녕? ╱ 나는 토끼야. ╱ 반가워! ╱"
소리가 머리 쪽에서 맴돌고(두성) 톤이 높으며 가볍습니다. 입 모양도 옆으로 찢어지듯 얇아지죠. 혹시 평소에도 이 톤으로만 말하고 있진 않나요? 친근해 보이지만 중요한 자리에서는 자칫 가볍고 전문성이 떨어져 보일 수 있는 소리입니다.

Step 2. 잠든 소리 깨우기 "안녕, 나는 호랑이야!"

이번엔 정반대로 해 봅시다. 아주 크고 무서운, 덩치 큰 호랑이가 되었다고 상상해 보세요. 목구멍을 하품하듯 넓게 열고 가슴을 울리며 굵게 말해 보세요.

[Practice]

"안녕, ╲ 나는 무서운 호랑이야. ╲ 아주 뚱뚱한 호랑이지. ╲"
소리가 가슴 쪽으로 툭 떨어지고(흉성) 톤이 낮고 묵직해집니다. 그리고 입안의 공간이 넓어지면서 소리에 울림(공명)이 생깁니다. 이때 묵직한 진동이 느껴지시나요? 이게 바로 그동안 쓰지 않았던 저음의 에너지입니다. 흉내 내는 것 같아도 괜찮아요. 이 과정이 좁아진 목을 열고 소리의 중심을 낮추는 훈련이 됩니다.

토끼 흉내를 낼 때는 두성과 비음을 쓰고 '목'을 쓰는 발성을, 호랑이 흉내를 낼 때는 흉성을 쓰고 '배'로 말하는 법을 익힐 수 있습니다.

Step 3. 내 목소리에 적용하기 "안녕하세요, 이규원입니다."

자, 이제 호랑이의 무게감은 가져오되 무서움의 과장을 걷어 볼까요? 방금 느꼈던 가슴의 울림과 낮아진 중심을 유지한 채 평소의 말투로 돌아오세요.

[Practice]

"안녕하세요, 이규원입니다. 만나서 반갑습니다."

낮고 차분하지만 위협적이지 않고 안정적인 톤입니다. 신뢰감 있는 뉴스 앵커나 전문가의 목소리와 비슷하죠. 어떤가요? 토끼처럼 얇지도, 호랑이처럼 과하지도 않으면서 듣기 편안한 중저음의 힘을 이해했나요?

내 안의 호랑이를 끄집어내 보세요

당신 안에는 이미 '호랑이'가 살고 있습니다. 목소리가 얇은 이들 모두가 태어날 때부터 성대가 약했던 게 아닙니다. 그저 살아가면서 상냥하고 친절해 보이려고 애쓰다 보니 그리 된 것이죠. 긴장해서 토끼의 가면을 너무 오래 쓰고 있었던 것뿐입니다. 소리 연기는 그 가면을 잠시 벗고, 내 성대가 낼 수 있는 소리의 한계를 깨뜨리는 방법입니다. 처음엔 "어흥!" 하는 게 어색하고 웃길 수도 있어요. 하지만 그 어색함을 견디고 소리의 중심을 툭 떨어뜨리는 순간 알게 될 겁니다.

"아, 나에게도 이렇게 힘 있고 멋진 목소리가 있었구나."

당신의 목소리는 당신이 생각하는 것보다 훨씬 더 깊고 넓고 강합니다. 무조건 호랑이처럼 목소리를 깔라는 게 아닙니다. 내가 낼 수 있는 소리의 범위를 이해하고, 필요할 때 언제든 꺼내 쓸 수 있도록 단단한 소리 자원을 확보해 두자는 거죠.

오늘 거울을 보며 한번 연습해 볼까요? 얇은 토끼의 목소리에서 벗어나 묵직한 호랑이의 기운을 빌려 오세요. 그 든든한 울림이 당신의 말에 흔들리지 않는 무게감을 실어 줄 겁니다. 얇은 목소리가 고민이라면 덩치 큰 호랑이가 한번 되어 보세요. 호랑이를 흉내 내는 목소리에서 진짜 내 목소리의 힘을 발견할 거예요.

반가워서 상대의 마음에 돌멩이를 던진다?

평가보다 환대를 먼저 건네는 따듯한 대화법

오랜만에 만난 친구나 지인에게서 이런 말을 듣고 반가웠던 마음이 순식간에 차게 식어 버린 적 있으신가요?

"어? 너 신발 좀 낡았다?"

"어머, 너 요즘 피부가 왜 그래? 뭐 좀 발라야겠다."

"그 옷, 작년 동창회 때도 입었던 거 아니야?"

"야, 너 머리숱이 좀 줄어든 것 같다?"

분명 웃으며 만났는데 첫마디를 듣자마자 기분이 묘하게 상합니다. 마치 내가 오랜만에 만난 반가운 사람이 아니라 평가와 지적의 대상이 된 것 같은 느낌이 들거든요. '오늘 나 많이 별론가?' 지적당한 신발을 슬그머니 감추게 되고, 거울을 꺼내 얼굴을 한 번 더 보면서 괜히 위축되기도 하죠.

그런데 이런 말을 건네는 사람들이 우리의 기분을 망치려고 일부러 그런 건 아닐 겁니다. 오히려 그 반대인 경우가 많아요. 너무 반갑지만 다소 어색해서 혹은 친밀함을 표현하고 싶은데 방법이 서툴러서 눈에 보이는 것부터 툭 던진 거죠. '나는 너를 이렇게 자세히 보고 있어'라는 나름의 관심 표현일 수 있습니다. 다만 듣는 사람에게는 지적이나 평가로 잘못 전달된 안타까운 상황이죠.

하지만 듣는 사람의 마음은 솔직합니다. 오랜만에 만났을 때 우리가 가장 듣고 싶은 말은 내 신발 상태나 피부 트러블에 대한 분석이 아니라 "보고 싶었어.", "반갑다." 같은 따뜻한 환대니까요. 눈에 보이는 단점은 잠시 모른 척 덮어 두고 내 앞의 사람을 온전히 반겨 주는 것, 그것이야말로 대화의 온도를 높이는 첫 단추가 아닐까요?

눈은 관찰을 하더라도 입은 반가움을 말해야 합니다. 우리의 뇌는 시각 정보에 민감해서 누군가를 만나면 변화한 점이나 특이한 점이 가장 먼저 눈에 들어옵니다. '어, 못 본 새 살이 쪘네?', '어, 스타일이 변했네?' 하는 생각이 0.1초 만에 스치죠. 하지만 성숙한 대화를 하려면 이 눈이 본 것을 마음의 언어로 한 번 거르는 과정이 필요해요.

눈에 띈 것을 그대로 말하는 건 '실시간 라이브'이지만 눈에 띈 것을 삼키고 안부를 묻는 건 '준비된 오프닝 인사말'입니다. 평가는 나중에 해도 늦지 않습니다. 아니, 평가는 굳이 하지 않아도 괜찮습니다. 지금 우리에게 필요한 건 날카로운 스캔scan이 아니라 따뜻한 스킨십_{skinship} 같은 인사말이니까요. 반가움보다 평가가 먼저 도착하면 관계의 문은 닫히고 맙니다.

관찰은 쉼표, 환대는 마침표

상대의 모습에서 아쉬운 점이 먼저 보인다면 일단 그 말을 꿀꺽 삼키고 시선을 상대의 단점에서 우리의 만남으로 옮겨 오는 연습을 해 보세요.

Case 1. 상대의 얼굴이 부은 것을 발견했을 때

[Before: 평가의 말]

"어머, 너 얼굴이 왜 이렇게 부었어? 어제 라면 먹고 잤니?"

[After: 반가움을 전하는 말]

"오랜만이다! 안 그래도 요즘 바쁘다며? 얼굴 보니까 진짜 반갑다."

Case 2. 상대의 머리카락이 희게 센 것을 발견했을 때

[Before: 평가의 말]

"야, 너도 이제 다 됐다. 흰머리 늘어난 것 좀 봐라."

[After: 반가움을 전하는 말]

"시간 진짜 빠르다. 그래도 넌 여전하네. 요즘 별일 없지?"

말은 관계의 첫인상입니다

누군가를 만나는 첫 순간, 우리는 무의식적으로 상대의 표정과 첫 마디를 통해 이 만남의 성격을 규정합니다. 그런데 만약 첫마디가 "너 얼굴이 왜 그래?"라면 상대는 무의식적으로 방어 태세를 갖출 거예요. 하지만 "보고 싶었어!"라면 상대는 무장해제된 마음으로 당신을 맞이하겠죠.

혹시 반가운 마음에 눈에 보이는 대로 툭 던지는 관찰형 인사를 건넨 적이 있었나요? 분명 나쁜 의도는 없었을 거예요. 하지만 이제는 그 서툰 말을 조금 더 부드럽게 다듬어 표현해 주세요.

눈에 보이는 흠집은 잠시 모른 척하는 여유, "어?" 하고 지적하려던 입술을 둥글게 모아 "와!" 하고 반겨 주는 연습. 이 작은 배려가 '만나면 왠지 기분 좋아지는 사람'으로 당신을 기억하게 할 거예요. 오늘 만나는 사람에게는 평가 대신 따뜻한 눈맞춤과 반가운 인사를 먼저 건네 보는 건 어떨까요?

영혼 없는 축하는 이제 그만

기쁨을 두 배로 만드는 생생한 축하의 언어

친구가 오래 준비한 시험에 합격했다는 반가운 연락을 받았습니다. 힘든 취업 문을 뚫었다는 사촌 동생의 연락도 받았죠. 이렇게 좋은 소식을 들었을 때, 여행 갔던 동료가 여행지에서 소소하게 좋은 일이 있었다고 이야기할 때 우리는 보통 이렇게 반응합니다.

"와, 진짜? 좋았겠다!"
"대박이다. 잘됐네!"

물론 진심으로 축하하는 마음으로 건넨 말입니다. 하지만 막상 "좋았겠다."라는 말 말고는 딱히 할 말이 떠오르지 않고, 그 말조차 어딘가 영혼 없는 리액션처럼 느껴질 때가 있습니다.

슬픔을 위로할 때와 마찬가지로, 기쁨을 나눌 때도 생생하고 구체적인 어휘가 필요합니다. '좋다'라는 단어 하나로 퉁 치기엔 상대방이 느끼는 감동과 벅참의 스펙트럼이 너무나 넓고 다채롭기 때문입니다. 기쁨은 나눌수록 커진다고 하죠. 그 나눔의 도구는 바로 '풍성한 리액션'입니다.

상대방이 "나 합격했어!"라고 말할 때 그 말속에는 수만 가지 감정이 숨어 있습니다. 합격자 명단을 확인하던 순간의 떨림, 그동안 고생했던 시간을 보상받고 싶은 심리, 앞으로 펼쳐질 미래에 대한 기대감 같은 것들이죠. 하지만 이때 듣는 사람이 단순히 "좋았겠다."라고만 하고 끝내 버리면 그 수많은 감정은 갈 곳을 잃고 증발할 수 있습니다.

단순하고 형식적인 인사 대신 "와, 합격 소식 듣는 순간 심장이 쿵했겠다!"라고 구체적으로 묘사하는 말을 건네면 어떨까요? 상대는 자신의 감정이 타인에게 생생하게 전달되었다는 사실에 희열을 느끼고, 그 행복감을 더 오래 간직할 거예요. 이처럼 상대의 기쁨을 내 일처럼 생생하게 그리는 '확장형 축하 멘트'들이 있습니다. 매번 똑같은 인사 대신 다양한 표현과 묘사로 기쁨을 두 배로 올려 보세요.

'좋았겠다'를 확장한 3단계 축하 멘트

단조로운 'After'를 버리고 상대가 느꼈을 오감과 감정을 구체적인 문장으로 번역해 주세요.

Case 1. 떨림과 설렘을 포착하기

단순한 결과가 아니라 그 순간 상대가 느꼈을 벅찬 감정을 대신 읊어 주세요. 당신이 상대의 심장박동을 묘사할 때 상대는 다시 한번 그 순간의 전율을 느낄 겁니다.

[감정 묘사]

"와, 그 순간엔 진짜 세상이 멈춘 것 같았겠네."

"그거 듣는 순간 심장이 쿵 했겠다. 완전 짜릿했지?"

"그때 진짜 행복했을 것 같아. 그 순간 엄청 설렜겠다."

"그날 종일 입가에 미소가 걸려 있었겠다."

Case 2. 장면과 분위기를 그리기

마치 영화의 한 장면을 보듯 당시의 분위기를 그려 주면 공감각적인 축하가 됩니다.

[상황 묘사]

"와, 분위기 너무 좋았겠다. 상상만 해도 낭만적이다."

"그 장면 아직도 눈에 선하겠다. 계속 생각나겠는데?"

"그런 시간 정말 오랜만이었지? 꿀 같은 시간이었겠다."

"그렇게 말하니까 진짜 즐거웠던 게 나한테까지 느껴진다."

Case 3. 의미와 가치를 인정하기

그 일이 상대에게 얼마나 특별하고 대단한 일인지 치켜세워 주세요.

기쁨을 이어 주는 연결 고리 "그래서?"

슬플 때와 마찬가지로, 기쁠 때도 대화가 끊기면 김이 샙니다. "좋았겠다."라는 마침표 대신 상대가 그 행복한 기억을 더 끄집어낼 수 있도록 '그래서'라는 접속사로 질문을 던져 주세요. 행복한 사람은 자랑하고 싶어 합니다. 멍석을 깔아 주는 질문을 던지세요.

1. **기억 소환:** "분위기 진짜 좋았겠다. 그래서 뭐가 제일 기억에 남았어?"

2. **감정 심화:** "세상이 멈춘 것 같았겠다. 그래서 그때 기분은 어땠어?"

3. **미래 기대:** "그런 경험 쉽지 않은데 멋지다. 그래서 다음 계획은 생각해봤어?"

당신의 리액션이 상대의 행복을 완성합니다

우리는 흔히 좋은 일이 생긴 사람에게는 굳이 길게 말하지 않아도 행복하리라고 생각합니다. 그래서 "축하해.", "좋겠네." 정도로 짧게 끝내 버리곤 하죠. 하지만 기쁨은 메아리와 같습니다. 내가 "야호!"라고 외쳤을 때 벽에 부딪혀 사라지는 것이 아니라 맞은편에서 "야호!" 하고 더 크게 울림이 되어 돌아올 때 비로소 완성됩니다. 함께 기뻐해 주는 사람이 없다면 아무리 큰 성공도 쓸쓸한 독백이 될 뿐입니다. 누군가 당신에게 신이 나서 달려와 좋은 소식을 전한다면 그건 당신을 그만큼 믿고 좋아한다는 뜻입니다. 그 소중한 마음 앞에서 "어, 좋겠네."라는 시시한 반응으로 찬물을 끼얹지 마세요.

"야, 진짜 심장 터질 뻔했겠다! 내가 다 떨리네!"

"그래서? 그 뒤엔 어떻게 됐어? 더 얘기해 줘!"

이렇게 온 마음을 다해 호들갑을 떨어 주세요. 당신의 그 풍성한 말들이 상대방의 행복한 순간을 영원히 빛나는 인생의 명장면으로 만들어 줄 겁니다. "좋았겠다."라는 말은 너무 밋밋합니다. "심장이 쿵 했겠다.", "세상이 멈춘 것 같았겠다."라며 마치 영화의 한 장면처럼 묘사해 주세요.

"너 오늘 예쁘다."

뻔한 칭찬은 서로 어색해질 뿐입니다

질문으로 상대를 설레게 하는 칭찬의 기술

누군가에게 칭찬의 말을 건네는 것은 관계를 돈독히 하고 분위기를 따뜻하게 만들죠. 칭찬이 대화를 부드럽게 만드는 좋은 윤활유가 된다는 건 누구나 알고 있을 겁니다. 하지만 막상 칭찬을 건네려니 망설여질 때가 많습니다.

"어? 오늘 예쁘시네요."

"일을 정말 잘 처리하시네요."

"성격이 참 좋으시네요."

마음은 진심인데 입 밖으로 내면 왠지 아부하는 것 같기도 하고, 너무 뜬금없어서 쑥스럽게 느껴지기도 합니다. 듣는 사람도 "아,

네…. 감사합니다." 하고 어색하게 웃어넘기죠. 서로 부담스럽지 않으면서도 상대의 뇌리에 깊게 박히는 고수들의 칭찬법에는 아주 쉬운 공식이 하나 있습니다. 바로 관찰에 질문을 더하는 것입니다.

단순히 결과가 좋다고 말하는 건 평가입니다. 하지만 "어떻게 이런 결과를 만들었어?"라고 묻는 건 인정이자 존중입니다. 질문형 칭찬은 상대에게 '이걸 선택한 네 안목이 대단하다', '너의 숨은 노력을 내가 알아봤다'는 강력한 메시지를 전달합니다. 최고의 칭찬을 위해 느낌표가 아니라 물음표로 끝내 보세요. 질문은 상대에게 주인공이 될 기회를 줍니다.

"예쁘다."라는 말은 1초면 잊히지만 "어떻게 그렇게 너한테 찰떡같은 걸 골랐어?"라는 질문은 종일 기분을 좋게 만들어 줍니다. 상대가 신나서 대답하게 만드는 마법의 칭찬 공식, 질문을 해 보세요.

상대의 안목과 과정을 물어봐 주세요

칭찬 뒤에 마침표를 찍지 말고 상대가 신이 나서 대답할 수 있는 질문을 붙여 보세요.

Case 1. 외모나 센스를 칭찬할 때 '안목 인정하기'
단순히 물건이 예쁘다는 말이 아니라 그걸 고른 상대방의 센스가 탁월

하다는 것을 강조하세요. 무엇what을 칭찬하지 말고 어떻게how 찾았는지를 물어보세요.

[Before: 단순 칭찬]

"와, 옷 예쁘다. 잘 어울려."

[After: 안목 칭찬]

"와, 어떻게 그렇게 너한테 찰떡같이 어울리는 걸 골랐어? 컬러 고르는 안목이 진짜 좋다."

Case 2. 태도나 성격을 칭찬할 때 '내면 궁금해하기'

성격 좋다는 말은 흔합니다. 하지만 그 성격이 어디서 나왔는지, 그 깊이를 궁금해 하는 경우는 별로 없는데요. 결과보다 과정을 물어봐 줄 때 상대는 자신의 노력을 보상받는 기분을 느낍니다.

[Before: 단순 칭찬]

"너 되게 침착하네. 긍정적이다."

[After: 과정 칭찬]

"그 상황에서 어떻게 그렇게 침착하게 반응했어? 평소에도 멘탈 관리를 하는 거야?"

"그렇게 생각하는 힘은 어디서 나오는 거야? 너한테 진짜 배우고 싶다."

Case 3. 능력을 칭찬할 때 '비결 물어보기'

능력을 칭찬하면 상대는 괜히 쑥스러워지고 대화가 자연스럽게 이어지지 않을 수 있습니다. 이때는 비결을 물어보는 게 좋습니다.

[Before: 단순 칭찬]

"일 잘하네. 아이디어 좋다."

[After: 능력 칭찬]

"와, 그 생각은 도대체 어디서 나온 거야? 평소에 아이디어 얻는 비결이라도 있어?"

"어떻게 그걸 해냈어? 진짜 대단하다."

[Before: 단순 칭찬]

"팀장님, 일하실 때 진짜 꼼꼼하시더라고요."

[After: 능력 칭찬]

"팀장님, 일하실 때 정말 꼼꼼하시더라고요. 원래 계획 세우거나 준비하실 때도 꼼꼼한 편이세요?"

칭찬은 말이 아니라 '스포트라이트'입니다

우리는 칭찬을 '내가 상대에게 주는 점수'라고 착각하곤 합니다. 그래서 쑥스럽고 어색하죠. 하지만 진정한 칭찬은 점수판을 드는 게 아니라 상대방에게 조명을 비춰 주는 것입니다.

"어떻게 그런 생각을 했어?"

"원래부터 그런 센스가 있었어?"

이렇게 질문을 던지는 순간 상대방은 무대 중앙에 서게 됩니다. 그리고 자신의 노력, 고민, 취향에 대해 신나게 이야기할 기회를 얻죠. 자기 이야기를 진지하게 들어 주는 사람, 나의 가치를 질문으로 확인해 주는 사람을 싫어할 사람은 세상에 없을 겁니다. 그 질문 하나가 상대의 자존감을 높이고, 당신을 가장 대화하고 싶은 사람으로 만들어 줄 거예요.

표현이 서툰 당신을 위한
0단계 소통법

완벽하지 않아도 일단 닿으면 되는 '반응'의 기술

누군가에게 고마움을 느끼거나 사랑을 느낄 때 그 마음을 표현하는 걸 유독 어려워하는 분들이 있습니다. 마음속으로는 수백 번도 더 '고마워', '사랑해'를 외치고 있지만 막상 입을 떼려면 망설여지고 입술이 붙어 버린 기분이 들죠.

'갑자기 말하면 너무 뜬금없지 않을까?'
'말주변이 없어서 오해를 사면 어떡하지?'
'과하다고 느끼고 당황하면 안 될 텐데.'

그런데 우리가 이렇게 망설이며 입을 다무는 사이 우리의 인생에서 소중한 순간들은 속절없이 지나가 버립니다. 부모님은 자녀의 따뜻한 말 한마디를 평생 기다리다 나이들어 버리실 수도 있고, 힘들어했던 친구는 그때 내가 해줄 수 있었던 위로를 듣지 못하고 외로워할 수도 있습니다. 표현하지 않은 마음은, 안타깝게도 상대에게는 '없는 마음'과 같습니다.

표현을 어려워하는 분들의 가장 큰 오해는 말을 유창하게 잘해야 한다고 생각하는 겁니다. 서론, 본론, 결론을 갖춰서 멋지게 말하려다 보니 시작조차 못 하는 것이죠. 하지만 **표현을 잘 하려면 작문 실력이 아니라 반응 속도가 중요합니다.**

거창한 문장을 만들려고 애쓰지 마세요. 표현의 목적은 감동적인 연설을 하는 게 아니라 내 마음이 이렇다는 신호를 상대에게 보내는 것입니다. 처음부터 완성된 100점짜리 말을 하려고 하지 말고 일단 신호를 보내는 것부터 시작해 보세요. 말하기가 너무 힘든 당신을 위해, 부담감은 제로에 가깝지만 효과는 확실한 '0단계 표현법' 세 가지를 소개합니다.

말주변이 없어도 마음을 전하는 세 가지 치트키

문장을 어렵게 만들지 않아도 됩니다. 짧고 간단한 표현 하나로도 사랑은 전해집니다. 설명도, 이유도 필요 없습니다. 오히려 진심은 군더더기 없는 단문일 때 가장 강력하게 전달됩니다. 마음이 담긴 한마디, 사진 한 장으로도 상대방에게 진심을 전할 수 있습니다.

Step 1. 말이 안 나오면 '이모티콘' 하나 보내기

'고맙다', '좋다'라는 텍스트를 치는 것조차 익숙하지 않고 쑥스럽다면 이모티콘을 활용해 보세요. 아무 반응이 없는 것과 하트 하나 보내는 건 하늘과 땅 차이입니다. 작은 이모티콘에 상대는 '내 말을 듣고 있구나', '긍정적으로 반응하는구나'라고 느끼며 안심합니다.

Step 2. 글이 안 써지면 '사진' 한 장 보내기

설명할 말이 떠오르지 않을 땐 이미지가 최고의 언어입니다. 길을 걷다 예쁜 하늘이나 꽃을 보면 찍어서 보내 보세요. 메시지는 딱 한마디면 됩니다. "그냥 생각나서." 구구절절한 안부 인사보다 '예쁘고 좋은 걸 보고 너를 떠올렸다'라고 말해 주는 사진 한 장이 훨씬 더 로맨틱하고 감동적입니다.

Step 3. 시간차를 두고 표현하기

말을 잘하려다 보면 내용이 길어지고 꼬이기 일쑤입니다. 부연 설명이나 이유는 다 쳐내고, 결론만 딱 한 줄로 말해 보세요.

[Before: 속마음]

'네가 지난번에 해준 말이 진짜 도움이 됐는데, 그때 바로 말을 못 해서 미안하고 지금이라도 고맙다고 하고 싶은데….'

[After: 시간차 두기]

"오늘, 네 말이 문득 생각났어."

"그때 해준 말, 고마웠어."

표현이 어려운 이유는 안 해봤기 때문입니다

우리가 표현을 주저하는 이유는 어색함 자체보다 그 어색함이 나를 어떻게 보이게 할지에 대한 불안 때문입니다. 하지만 어색하다는 건 당신이 못하는 사람이라는 뜻이 아니라 그저 지금까지 안 해봤다는 뜻일 뿐입니다. 처음 신은 구두가 발에 익지 않아 어색한 것처럼 표현 근육도 쓰지 않아서 굳어 있을 뿐입니다.

표현은 완벽해서 의미 있는 게 아니라 상대에게 '닿았을 때' 비로소 의미가 생깁니다. 투박해도 괜찮습니다. 멋진 편지가 아니더라도 툭 던진 이모티콘 하나가 상대에게 가닿으면 사랑이 됩니다. 논리적인 문장이 아니더라도 "그냥 생각나서."라는 한마디가 상대에게 가닿으면 위로가 됩니다.

오늘 소중한 사람에게 스마트폰을 켜고 딱 하나만 보내 보세요. 엄지척 이모티콘 하나, 노을 사진 한 장, 생각났다는 한마디…. 당신의 그 작은 용기가 누군가에게는 오늘을 살아가는 아주 큰 에너지가 될지도 모릅니다. 망설이지 말고 지금 바로 표현해 보세요.

"너는 한결같이 멋지구나!"

칭찬의 품격을 높이는 시간의 부사

찰나의 칭찬을 영원한 감동으로 바꾸는 마법의 단어들

누군가를 칭찬할 때 마음을 다해 말했는데도 어딘가 가볍게 들리거나 금방 잊히는 것 같아 아쉬울 때가 있죠. 진심을 담아 더욱 깊은 칭찬을 하고 싶은데 말이죠.

"너 오늘 예쁘다."

"일 잘하네."

"성격 좋다."

분명 좋은 말입니다. 하지만 이 말들은 '지금 이 순간'의 상태만을 묘사하고 있습니다. 순간을 칭찬하면 기분이 좋아지지만 시간을 담아 칭찬하면 자존감이 올라갑니다. 칭찬을 잘하는 사람들은 팩트, 즉 칭찬하려는 내용 앞에 반드시 이걸 얹는데요, 바로 시간의 무게를 담은 부사들입니다.

"너는 여전히 예쁘네."
"너는 한결같이 일을 잘하는구나."
"너는 변함없이 성격이 좋아."

차이가 느껴지시나요? 단어 하나를 추가했을 뿐인데 칭찬의 범위가 지금에서 과거와 현재를 잇는 히스토리로 확장되었습니다. 심리학 연구에 따르면 사람은 지속성 있는 인정enduring recognition을 받을 때 깊은 안정감과 만족감을 느낀다고 합니다. 상대가 나를 오랫동안 지켜봐 왔고, 나의 긍정적인 모습이 일시적인 게 아니라 나의 고유한 정체성임을 그 사람이 인정해 주었기 때문입니다.

최고의 칭찬은 상대의 행동이 아니라 그 행동을 쌓아 온 시간을 알아주는 것입니다. 단순히 "잘했다."라는 말은 당장의 성과에 대한 평가로 들릴 수 있지만 "늘 잘하는구나."라는 말은 그 사람의 성실함과 노력에 대한 찬사입니다.

상대의 마음에 오래도록 남는 칭찬을 하고 싶다면 이제 칭찬 앞에 '여전히', '늘'이라는 말로 시간을 선물하세요. 이 한마디가 관계의 온도를 바꾸고 순간의 호감을 영원한 신뢰로 바꿔 줄 것입니다.

상대의 역사를 인정하는 '시간 부사' 활용법

오늘부터 칭찬할 때는 딱 1초만 더 써 보세요. 팩트 앞에 이 단어들을 붙이는 순간 당신의 말은 칭찬을 넘어 '인증서'가 됩니다.

Case 1. 오랜만에 만난 지인에겐 '여전히', '변함없이'

오랜 공백이 있었음에도 네가 가진 장점은 그대로라는 사실을 짚어 주세요. 상대는 자신의 가치가 지켜지고 있음에 안도합니다. 특히 '변함없다'라는 말은 험한 세월 속에서도 자기다움을 잃지 않았다는 최고의 칭찬입니다.

[Before: 찰나의 칭찬]

"오, 너 오늘 보니까 되게 다정하다."

[After: 시간의 칭찬]

"너는 변함없이 다정하네. 예전이나 지금이나 그게 네 매력이야."

Case 2. 성실한 동료나 후배에겐 '한결같이', '꾸준히'

성과가 나올 때만 칭찬하지 말고 그 성과를 만들기 위해 꾸준히 노력해 온 것을 알아주세요. 보이지 않는 노력을 '꾸준히'라는 단어로 끄집어낼 때 상대는 진짜 보람을 느낍니다.

[Before: 찰나의 칭찬]

"이번 보고서 잘 썼네? 노력 좀 했나 봐."

[After: 시간의 칭찬]

"김 대리는 한결같이 성실하네. 꾸준히 노력하는 모습이 결과로 나오는 것 같아."

Case 3. 힘이 되어 주는 사람에겐 '늘', '언제나', '항상'

상대가 내게 주는 긍정적인 에너지가 언제나 유효하다는 것을 확인해 주세요. '항상'이라는 말은 상대가 얼마나 성실하고 믿음직한 사람인지 증명하는 보증수표입니다.

[Before: 찰나의 칭찬]

"너 진짜 밝다. 긍정적이네."

[After: 시간의 칭찬]

"너는 언제나 밝아서 좋아. 늘 긍정적인 에너지를 주니까 옆에 있으면 나까지 힘이 나."

칭찬은 '발견'이 아니라 '기억'입니다

우리는 흔히 칭찬을 '새로운 장점을 찾아내는 것'이라고 생각합니다. 그래서 무언가 특별한 성과나 새로운 발견이 있을 때만 칭찬하려 하죠. 하지만 진짜 감동적인 칭찬은 기억에서 옵니다. 당신이 예전부터 봐 왔던 그 사람의 좋은 점, 비가 오나 눈이 오나 지켜 왔던 성실함, 기쁠 때나 슬플 때나 보여 줬던 따뜻함….

그 기억을 끄집어내서 "너는 변함없이 유쾌하구나!", "너는 여전히 멋지구나!"라고 말해 주세요. 그건 단순한 칭찬이 아닙니다. '나는 너의 지난 시간을 모두 존중해'라는 깊은 마음의 전달입니다. 우리는 누군가의 기억 속에 좋은 사람으로 남고 싶어 합니다. 그 욕구를 채워 주세요. 오늘 누군가를 만난다면 그 사람의 현재 모습뿐만 아니라 그 뒤에 겹쳐진 시간까지 함께 칭찬해 주세요.

"너, 참 한결같다."

그 한마디에 상대방은 자신이 살아온 인생을 통째로 보상받는 듯한 기분을 느낄 것입니다.

내 느낌을 남의 느낌처럼 말하는 습관

확신 없는 '추측형' 말투에서 선명한 '경험형' 말투로

회사 근처에 떡볶이집이 새로 들어서면 다른 사람들은 가 봤는지, 맛은 어땠는지 궁금해지죠. 또 새로 개봉한 영화를 먼저 보고 온 친구에게는 영화가 어땠는지 감상평을 물어보게 됩니다. 그런데 이럴 때 한국 사람들이 가장 많이 쓰는 말버릇이 있습니다.

"음. 거기 맛있는 것 같아요."
"그 영화 재미있는 것 같아."

사실 '…인 것 같아요'는 저도 참 많이 쓰는 말투입니다. 습관이 무섭죠. 그런데 가만히 생각해 보면 참 이상한 표현입니다. 남의 이야기를 전해 들은 것도 아니고, 분명 내 입으로 먹었고 내 눈으로 봤는

데 왜 "맛있다."라고 단정 짓지 못하고 "맛있는 것 같아요."라고 추측형 표현으로 말하는 걸까요?

심리언어학에서는 이런 화법을 언어적 거리두기linguistic hedging라고 부릅니다. 자신의 의견을 분명하게 표현하지 않고, 모호하거나 불확실하게 말함으로써 청자와의 갈등을 피하거나 자신을 보호하려는 무의식적인 전략입니다. 내 의견과 나 사이에 안전거리를 확보해 두는 것이죠. 하지만 "…인 것 같아요."는 겸손이 아닙니다. 내 느낌에 대한 책임을 회피하고 싶은 방어기제입니다.

우리는 왜 자신의 느낌조차 확신하지 못할까요? 그 이유는 마음속에 '내가 틀리면 어떡하지?'라는 두려움이 깔려 있기 때문입니다. "이거 맛있다!"라고 했다가 상대가 "어? 난 별로던데?"라고 하면 머쓱해질까 봐, 내 안목이 다른 사람들에게 평가받을까 봐 미리 추측이라는 포장지 뒤로 숨는 것입니다. '나는 맛있다고 확언한 건 아니고, 그냥 그런 것 같다고 했을 뿐이야'라고 빠져나갈 구멍을 미리 만들어 두는 셈입니다.

하지만 이런 방어적 말하기가 반복되면 치명적인 부작용이 발생합니다. 듣는 사람은 화자의 말을 신뢰하기 어려워지죠. 본인조차 확신하지 못하는 이야기를 남이 믿어 줄 리 없습니다. 또한 사실이나 의견뿐만 아니라 감정 표현까지 흐릿해지기 때문에 인간적인 매력이나 개성도 잘 알 수 없는 사람이 되어 버립니다. 자신의 감정을 남이야기하듯 말할 필요는 없습니다. 당신의 느낌은 팩트가 아니라 주관이기에 틀리고 맞고가 없습니다.

이제 그 안전한 울타리에서 나와야 할 때입니다. 애매한 추측 대신 선명한 내 생각을 말하는 데는 대단한 용기가 필요한 게 아닙니다. 문장에 '주어'와 '디테일'만 더해 주면 충분합니다. 남의 일처럼 느끼게 하는 "…인 것 같아요."가 아니라 "저는 …해서 좋았어요."라고 주어와 이유를 밝히는 겁니다.

추측이라는 울타리 뒤에 숨지 말고 당당하게 말하세요

습관적으로 튀어나오는 "…인 것 같아요."를 멈추려면 내 말이 정답이 아니라 나의 경험임을 명시해 주면 됩니다. 즉 개인적인 취향이거나 나의 주관이 담긴 의견임을 밝히는 것입니다.

Solution 1. '저는'이라는 주어 붙이기

주어 없이 말하면 마치 객관적인 평가처럼 들립니다. 하지만 '저는'을 붙이면 '나의 개인적 취향'이 되므로 반박에 대한 두려움 없이 당당하게 말할 수 있습니다. '저는'이라는 두 글자는 내 의견을 안전하게 지켜 주는 가장 튼튼한 방패입니다.

[Before: 주어 없는 추측]
"이 음식은 좀 짠 것 같아요."
[After: 주어 있는 경험]
"저는 이 음식이 조금 짜게 느껴지네요."

Solution 2. 뭉뚱그리지 말고 구체적인 이유를 말하라

[Before: 막연한 추측]

"이 식당 괜찮은 것 같아요."

[After: 구체적 묘사]

"저는 이 집의 담백한 국물 맛이 입맛에 딱 맞았어요."

Solution 3. 판단하지 말고 반응하라

[Before: 막연한 평가]

"이 영화 재밌는 것 같아요."

[After: 솔직한 반응]

"생각하지 않아도 되고 부담 없이 볼 수 있어서 좋더라고요."

내가 나를 확신할 때 진짜 내 매력이 드러납니다

우리는 타인과 다르게 보이지 않으려고, 튀지 않으려고 무의식적으로 "…인 것 같아요."라는 말을 쓰며 자신을 흐릿한 안개 속에 숨깁니다. 하지만 내가 느낀 것조차 확신하지 못하고, 타인의 동의를 구하듯 말꼬리를 흐리는 말투는 나 자신을 더 작아지게 합니다. 당신이 느낀 감정, 당신의 혀끝에 닿은 맛, 당신의 눈에 비친 풍경은 누구도 반박할 수 없는 당신만의 고유한 경험입니다. 확신 있는 말투는 내가 나를 믿어 줄 때 비로소 완성됩니다.

오늘부터는 습관적으로 나오는 "맛있는 것 같아요."를 멈추고 "와, 저는 이 소스 맛이 정말 좋네요!"라고 말해 보세요. "괜찮은 것 같아요." 대신 "저는 이런 분위기가 참 편안하네요."라고 말해 보세요. 그렇게 내 느낌에 확신의 마침표를 찍는 순간, 당신의 말은 더 이상 힘없는 혼잣말이 아니라 상대를 설득하고 끌어당기는 매력적인 표현이 될 것입니다.

질투를 매력으로 바꾸는 솔직함

열등감을 숨기지 말고 유쾌하게 인정하라

살다 보면 주위에 유독 반짝이는 사람들이 있습니다. 얼굴도 예쁜데 성격도 좋고, 일도 잘하고, 심지어 운까지 좋은 것 같은 친구들 말이죠. SNS 안 세상은 더할 나위 없습니다. 나와는 전혀 다른 세상에 사는 사람들 천지죠. 쉴 새 없이 그런 멋쟁이들을 마주하다 보면 문득 작아지는 나 자신을 발견하게 됩니다. 갑자기 초라해지는 감정이 물밀 듯 밀려오죠.

'와…, 재는 다 가졌네. 그런데 나는 왜 이렇게 못났지?'

20대 초반의 저도 그랬습니다. 중고등학교 친구들뿐만 아니라 대학교 친구들까지 다들 너무 예뻤고 착하고 야무졌죠. 말도 너무 예쁘게 잘하는 친구들이었습니다.

이렇게 뛰어난 친구들 사이에서 저도 어쩔 수 없이 부러움과 질투라는 감정에 휩쓸리곤 했죠. 그러다 어느 순간 깨달았습니다. 이 감정을 속으로만 꾹꾹 누르고 있다가는 내가 먼저 말라 죽겠다는 걸요. 멋진 사람들은 세상에 계속 나타날 텐데, 그때마다 열등감에 시달릴 수는 없잖아요?

질투는 자연스러운 감정입니다. 그것이 독이 되는 순간은 드러내지 않고 숨기려 할 때부터입니다. 그래서 저는 전략을 바꿨습니다. 감정을 부정하는 대신 인정하고 솔직하게 표현하기로 한 것이죠. 친구가 잘되거나 좋은 일이 있을 때 속으로는 배 아프면서 겉으로만 영혼 없는 "축하해!"라고 말하는 가식적인 연기를 멈췄습니다. 대신 이렇게 말했습니다.

"와, 진짜 부럽다! 나 질투하는 중이야, 지금!"

"아, 배 아파! 너무 멋져서 샘난다, 정말로!"

놀랍게도 이렇게 솔직하게 뱉어 내고 나니 마음의 짐이 깃털처럼 가벼워졌습니다. 더 신기한 건 상대방의 반응이었습니다. 나의 질투를 경계하는 게 아니라 오히려 "네가 그렇게 말해 주니 더 기분 좋다."며 활짝 웃더라고요. 나의 질투가 상대에게는 최고의 찬사로 들렸던 겁니다. 꽁해 있는 대신 시원하게 인정해 주는 모습이 오히려 인간적이고 매력적으로 다가간 거겠죠.

질투를 고백하는 순간 당신은 '못난 사람'이 아니라 상대의 가치를 알아봐 주는 '안목 있는 사람'이 됩니다. 질투는 나쁜 감정이 아닙니다. '나도 저렇게 되고 싶다'라는 성장의 신호입니다. 여기에 솔직함을 더하면 질투는 관계를 돈독하게 만드는 아주 풍성한 대화 소재가 됩니다.

질투를 호감으로 바꾸는 유쾌한 고백법

상대가 너무 잘나서 샘이 날 때 억지로 아닌 척하지 마세요. 오히려 배 아픔을 과장해서 표현하면 그 솔직함은 유머가 되고 매력이 됩니다. 평소 나보다 예쁜 친구에게 열등감을 느껴서 입을 다물면 사이만 멀어집니다. 차라리 팬심으로 승화해 보세요.

"야, 너 진짜 너무 예쁘다. 옆에 있기 싫을 정도로 질투 나네! 비결이 뭐야?"

또한 남의 성공에 진심으로 축하해 주기란 쉽지 않습니다. 그럴 때 차라리 배 아픔을 유머 코드로 쓰세요. 음습한 질투는 관계를 망치지만 투명한 질투는 관계를 끈끈하게 만듭니다.

"아이고, 배야! 너무 부러워서 배가 다 아프다. 진짜 축하해! 멋있잖아!"

남과 나를 비교하다 보면 끝이 없습니다. 감정에 솔직해질 때 비로소 자유로워질 수 있습니다. 우리는 흔히 질투하는 모습을 들키면 자존심이 상한다고 생각합니다. 그래서 짐짓 아무렇지 않은 척, 관심 없는 척 연기를 하죠. 하지만 그 감정을 억누르거나 마음에 담아 두면 결국 나를 갉아먹는 자기 비하 또는 상대를 향한 '이유 없는 미움'

으로 변질될 수 있습니다. 누군가에게 부러운 마음이 든다면 자신을 탓하지 마세요. 대신 그 감정을 입 밖으로 꺼내 버리세요.

"와, 나 지금 엄청 질투 나는데?"

"진짜 부럽다. 어떻게 그렇게 잘해?"

이렇게 말하는 순간 질투라는 무거운 마음이 풀릴 겁니다. 그리고 알게 될 거예요. 자신의 부족함마저 유쾌하게 드러낼 줄 아는 당신이야말로 누구보다 자존감이 높고 건강한 사람이라는 사실을요.

표현하고 싶은데
빈약한 어휘력이 고민이라면

'그냥' 좋은 기분을 '생생한' 행복으로 바꾸는 나노 관찰법

친구와 산책하던 중에 있었던 일입니다. 가는 길 내내 이 친구가 보이는 것마다 다 말로 표현하는 거예요.

"저 강아지 좀 봐. 작은 발로 통통 걷는 게 꼭 태엽 감은 인형 같아서 너무 귀엽다."

"매장에 색감 맞춰서 정리된 거 봐. 보고만 있어도 예쁘다."

"케이크 위에서 촛불이 반짝거리니까 분위기가 되게 따뜻하고 사랑스럽네."

그냥 지나칠 수도 있는 순간순간을 말로 표현하고 그 안에서 행복도 느끼더라고요. 알고 보니 글도 정말 잘 쓰는 친구였습니다. 그때 느꼈습니다.

'아, 표현은 결국 관찰에서 시작되는구나.'

좋은 풍경을 보거나 맛있는 음식을 먹을 때 우리의 반응은 대개 비슷합니다.

"와, 대박."
"진짜 좋다."
"너무 예쁘다."

그런데 어떤 사람들은 같은 장면을 보고도 전혀 다르게 말합니다.

"김이 모락모락 올라오는 거 봐. 보기만 해도 따뜻해지는 것 같아."
"빵집 지나가는데 버터 냄새가 확 퍼지니까 발걸음이 저절로 느려지더라."
"강아지가 꼬리 흔들면서 뛰어오는 거 보면 피곤이 다 풀리는 기분이야."

친구 중에 유독 말을 예쁘게 하거나 글을 잘 쓰는 사람이 있다면 유심히 관찰해 보세요. 그들은 단순히 단어를 많이 아는 게 아닙니다. 남들이 그냥 "강아지 귀엽다."라며 지나칠 때 그들은 강아지의 통통거리는 발놀림을 봅니다. 남들이 "분위기 좋네." 하고 말 때 그들은 케이크 위에서 반짝이는 촛불을 봅니다. 이렇게 **풍성한 표현력**은 두꺼운 사전이 아니라 세심한 '눈'에서 나옵니다.

우리는 흔히 자신의 어휘력이 부족해서 표현을 풍성하게 못 한다고 생각하지만 사실은 관찰력이 부족한 경우가 더 많습니다. 대충 훑어보고 "좋네!"라고 끝내 버리니 감정도 대충 전달되는 것이죠.

행복의 크기는 해상도와도 같습니다. "햇빛이 좋아."라고 말하면 저화질의 행복이 되고 "햇살이 창가에 부서져서 따뜻해."라고 말하면 고화질의 4K 행복이 되죠. 내가 본 장면을 구체적으로 묘사할수록 그 순간 느꼈던 행복감도 더 선명하게 각인됩니다.

말을 잘하고 싶다면 잠시 멈추세요. 그리고 카메라 렌즈를 당기듯 장면을 관찰해 보세요. 오늘부터 밋밋한 감탄사 대신 당신의 눈에 포착된 장면을 글을 쓰듯 말해 보세요. 연습 방법은 간단합니다. '내가 본 장면fact+느낀 기분feeling'을 연결하는 겁니다. 이 공식 하나면 당신의 말하기는 한 편의 에세이가 될 거예요.

"초록초록한 나무를 보고 있으니까 복잡했던 마음이 편안해져서 참 좋다."
"창가에 앉아 따뜻한 햇살을 받으니까 온몸이 노곤해지면서 기분이 좋아지네."
"고양이가 세상 모르고 아기처럼 자는 걸 보니까 나까지 괜히 행복해지더라."
"바람에 커튼이 살짝살짝 움직이는데, 멍하니 보고 있기만 해도 마음이 차분하게 가라앉는 느낌이었어."
"친구가 내 말에 조용히 웃으면서 고개를 끄덕여 주는데, 그 모습이 괜히 든든하더라."

당신의 언어는 당신이 보는 세상의 크기가 됩니다

우리는 매일 똑같은 출근길, 똑같은 집, 똑같은 사람들을 마주합니다. 그래서인지 말도 습관처럼 "피곤해.", "그저 그래.", "괜찮네."라며 무미건조하게 뱉어 내곤 하죠. 하지만 글 잘 쓰는 친구가 알려 주었듯, 세상이 지루한 게 아니라 우리의 시선이 게을렀던 것일지도 모릅니다.

감상을 뭉뚱그리지 말고 풀어서 표현해 보세요. 행복은 디테일에 있습니다. 그냥 지나칠 수도 있는 순간들을 툭툭 말로 꺼내 보세요. 강아지의 작은 발, 햇살의 각도, 빵 굽는 냄새, 친구의 웃는 눈…. 이 작은 조각들을 관찰하고 "내가 이걸 봐서 참 기분이 좋았어."라고 입 밖으로 꺼내는 순간, 무심히 흘러가던 시간은 비로소 의미 있는 기억이 됩니다.

오늘 하루는 주변을 조금 더 유심히 바라보세요. 그리고 당신의 소중한 사람에게 얘기해 주세요. 그 구체적인 표현이 당신의 하루를, 당신의 관계를 훨씬 더 풍요롭고 아름답게 만들어 줄 거예요.

> "고마워."

단순히 고맙다는 말로는 부족할 때

'너'의 영향력과 '나'의 변화를 언급해 관계를 강화하는 기술

누군가에게 도움을 받거나 선물을 받았을 때 우리는 반사적으로 이렇게 말합니다.

"와, 고마워!"

"고맙습니다."

"정말 감사합니다."

물론 예의 바르고 좋은 표현입니다. 상황에 꼭 필요한 표현인 것도 맞죠. 하지만 때로는 이 짧은 인사가 마치 영수증을 주고받듯 무미건조하게 느껴질 때가 있습니다. 상대에게 전하고 싶은 내 마음은 훨씬 더 깊은데 '고마워'라는 세 글자만으로는 마음의 크기가 다 담

기지 않는 것 같아서 아쉬움이 남죠. 감사한 마음을 표현하는 게 서툴다는 생각도 들고요.

심리학에서는 단순히 "고마워."라고 말하는 것보다 구체적인 이유를 덧붙일 때 상대방이 느끼는 만족감이 훨씬 크다고 합니다. 이를 구체적 강화concrete reinforcement라고 합니다. 상대의 행동이 내게 어떤 긍정적인 결과를 가져왔는지 명확하게 짚어 줌으로써 그 행동을 인정하고 강화해 주는 것입니다.

진짜 감사는 감정의 전달을 넘어 상대가 만들어 낸 영향력을 확인하는 일입니다. 듣는 사람 쪽에서 생각해 볼까요? "고마워."라는 말은 '네가 내게 호의를 베풀었다'라는 사실 확인에 그칩니다. 하지만 "네 덕분에 내가 용기를 얻었어."라는 말을 덧붙인다면 '네가 내 삶에 실제적인 변화를 만들었다'라는 증명이 됩니다. 이 순간 상대는 자신의 존재 가치를 더 깊이 인식하게 되고, 나와 상대 사이의 심리적 거리가 좁혀집니다.

이처럼 감사를 구체적으로 표현하는 것은 관계적 친밀감relational close-ness을 강화하는 가장 강력한 도구입니다. 감사가 순간에 흩어지는 인사가 아니라 관계를 단단하게 묶는 매듭이 되려면 요령이 필요한데요, 즉 '너로 인해 내가 좋은 변화가 있었다'라는 고백으로 상대를 감동시키는 겁니다.

어렵지 않습니다. 딱 두 가지만 기억하면 됩니다. '상대가 제공한 원인 + 나의 변화', 이 방법으로 당신의 감사는 상대의 가슴에 오래도록 남는 감동이 될 거예요.

관계의 친밀도를 높이는 '감사 공식'

'고마워'라는 말 뒤에 마침표를 찍지 마세요. 쉼표를 찍고 그 뒤에 '상대가 준 것'과 '변화된 나'를 덧붙여 보세요. 고마운 마음을 구체적으로 표현할수록 상대와의 관계는 더욱 깊어질 것입니다.

Solution. 감사 공식: '원인 + 결과'

막연하게 "좋았다."라고 하지 말고 상대가 내게 준 것과 그로 인한 결과를 인과관계로 묶으세요.

[원인: 상대의 행동]

네 덕분에 / 너의 좋은 영향으로 / 널 보면서 많이 배워서 / 네가 좋은 자극이 되어서

[결과: 나의 변화]

내가 많이 성장했어 / 내가 든든했어 / 자신감이 생겼어 / 생각이 넓어졌어

[원인+결과]

"네 덕분에 내가 든든했어."

"너의 좋은 영향으로 내가 많이 성장했어."

단순히 도움을 줘서 고마운 게 아니라 그 도움 덕분에 내 마음이 어떻게 긍정적으로 변화했는지를 말해 주세요. 감사의 깊이는 단어

의 화려함이 아니라 인과관계의 명확함에서 나옵니다.

> "네가 옆에서 도와준 덕분에(원인) 내가 포기하지 않고 끝까지 해 낼 수 있었어
> (결과). 진짜 든든했다."
> "너의 그 열정적인 모습을 보면서(원인) 나도 요즘 나태했던 마음을 다시 잡게
> 됐어(결과). 정말 좋은 자극이 됐어."
> "네가 내 얘기를 공감해 준 덕분에(원인) 복잡했던 머릿속이 한결 편안해졌어
> (결과). 이제 좀 살 것 같다."

감사는 '되돌려줌'이 아니라 '이어짐'입니다

우리는 흔히 감사를 '받은 만큼 돌려주는 빚 갚기'라고 생각하곤
합니다. 그래서 "고마워."라는 말로 빨리 그 부채감을 털어 버리려 할
때도 있죠. 하지만 그렇게 하면 상대의 노력과 나의 마음의 깊이가
제대로 드러나지 못하고 퇴색되어 버리죠. 진정한 감사는 마음의 빚
을 청산하는 것이 아니라 서로가 끈끈하게 연결되어 있음을 확인하
는 과정입니다.

최고의 감사 표현은 "너는 참 좋은 사람이야."보다 "네 덕분에 내
가 더 좋은 사람이 되었어."입니다. "네 덕분에 내가 성장했어.", "네
영향으로 생각이 넓어졌어."라는 말은 상대방에게 '내가 누군가에게
필요한 사람이구나'라는 확신을 심어 줍니다. 그리고 그 확신은 다시
당신에게 더 큰 호의와 애정으로 돌아오겠죠.

오늘 누군가에게 고마움을 전할 일이 있다면 습관적인 "고맙습니다."로 끝내지 말고 잠시 멈춰 주세요. 그리고 1초만 생각해 보세요. 이 사람 덕분에 내 마음이, 내 상황이 어떻게 변했는지 말이에요. 그런 다음 "네가 있어 줘서 내 세상이 조금 더 따뜻해졌어."라고 구체적으로 고백해 보세요.

중요한 자리에서 자꾸 혀가 꼬인다면

꼬인 혀를 즉시 풀어 주는 모음 분리법

영상과 함께
확인해 주세요!

중요한 프레젠테이션이나 회의를 앞두고 스크립트를 연습하는데, 유독 입에 붙지 않는 단어나 문장 때문에 당황하거나 식은땀을 흘려 본 적 있으신가요?

"통계청 측정 결과에 따르면…."
"법률 편찬 위원회의 결정은…."

온 신경을 문장과 단어에 집중해서 또박또박 힘을 줄수록 혀는 더 꼬이고 급기야 "청계청…, 아니, 총계청…." 하며 발음이 산으로 갔던 경험, 누구나 한 번쯤 있을 겁니다. 마치 혀가 고장 난 것처럼 내 맘대로 움직이지 않을 때 우리는 당황해서 무의식적으로 혀와 입술에 더 힘을 줍니다. 하지만 그럴수록 발음은 더 뭉개지죠. 이럴 때 꼬인 혀를 단 1분 만에 풀어 주는 훈련법이 있습니다. 바로 '모음으로만 말하기'입니다.

자음은 '옷'이고, 모음은 '몸'입니다

우리의 발음이 꼬이는 이유는 자음(ㄱ, ㄴ, ㄷ…)에 지나치게 집착하기 때문입니다. 하지만 자음을 발음하려고 너무 애쓸 필요는 없습니다. 자음은 혀나 입술이 부딪히며 나는 소리라서 입을 조금만 움직여도 소리가 납니다. 반면 모음(ㅏ, ㅑ, ㅓ, ㅕ…)은 입을 크게 벌려 공기 통로를 확보해야만 제대로 소리가 납니다.

발음이 꼬인다는 건 몸(모음)은 왜소한데 옷(자음)만 잔뜩 껴입은 상태와 같습니다. 옷 태가 날 리 없겠죠. 이때 잠시 자음이라는 옷을 벗기고 모음이라는 몸집을 키우는 연습을 해야 합니다. 그러면 악명 높은 발음 테스트 문장으로 한번 실험해 볼까요?

1단계: 그냥 읽어 보기

"서울특별시 특허허가과 허가과장 허과장."

'허'와 '과'가 반복되면서 입술과 혀가 바쁘게 엉키는 느낌이 듭니다.

2단계: 자음을 빼고 '모음'만 읽어 보기(두세 번 반복)

"ㅓㅜㅡㅡㅕ ㅣ / ㅡㅡㅓㅓㅏㅘ / ㅓㅏㅘㅏ / ㅓㅘㅏ."

이때 중요한 건 아나운서가 된 것처럼 입을 크고 정확하게 벌려서 소리 내야 한다는 점입니다. 입안의 공간을 최대한 넓혀 보세요.

3단계: 다시 원래 문장 읽어 보기

"서울특별시 특허허가과 허가과장 허과장!"

놀랍게도 아까보다 훨씬 수월하게 그리고 또렷하게 발음되는 걸 느꼈을 거예요. 이는 모음 연습을 통해 입안의 공간이 확보되었고 혀가 움직일 길이 열렸기 때문입니다.

입을 트이게 하는 모음 훈련

발음이 유독 뭉개지는 단어들이 있다면 이처럼 자음을 빼고 모음만 읽는 방법을 적용해 보세요. 자음의 방해 없이 성대 울림과 입 모양에만 집중하는 게 핵심입니다.

Case 1. 이중모음이 많아 발음이 꼬일 때

뉴스 대본이나 스피치 연습에서 자주 등장하는 발음 난이도 상의 문장입니다.

[Original: 모음이 많은 문장]
"내가 그린 기린 그림은 잘 그린 기린 그림이다."

좋은 발음은 정확한 입 모양에서 나옵니다

좋은 발음은 혀를 빨리 움직이며 말하는 기술이 아니라 입을 정확하게 벌리는 습관에서 나옵니다. 그래서 자음보다 모음에 집중하면 자연스럽게 턱이 내려가고 입안 공간이 크게 열립니다. 그 공간이 확보되어야 소리가 시원하게 뻗어 나갈 수 있습니다.

중요한 발표를 앞두고 있다면 들어가기 직전에 화장실 거울을 보며 딱 1분만 투자해 보세요. 어려운 핵심 키워드를 모음으로만 소리

내어 읽어 보는 겁니다.

"아, 에, 이, 오, 우!"

발음이 꼬이는 건 혀 탓이 아니라 입을 안 벌린 탓입니다. 자음을 떼고 모음만 소리 내어 입안의 공간을 활짝 열어 주세요. 이 뼈대 있는 연습이 당신의 말하기에 튼튼한 골격을 만들어 줄 겁니다.

제5장

일터에서는 말 잘하는 것이
배려입니다

나의 말하기는 어디쯤 와 있을까?

일터에서의 말하기는 단순한 소통을 넘어 나의 인격과 능력을 증명하는 명함과도 같습니다. 그렇기 때문에 무심코 잘못된 어법을 쓰거나 감정을 지나치게 드러내는 표현을 하면 아무리 일을 잘해도 온전한 신뢰를 얻기 어렵습니다.

이 체크리스트를 통해 나의 비즈니스 언어가 프로답게 정돈되어 있는지, 혹시 습관적인 실수가 나의 가치를 가리고 있지는 않은지 확인해 보세요. 배려와 격식을 갖춘 말하기는 일의 성과를 높일 뿐만 아니라 당신을 대체 불가능한 사람으로 만들어 줄 거예요.

업무 전화를 걸 때 첫인사를 어떻게 해야 할지 몰라 당황한다. ☐

상사에게 보고할 때 두서없이 말해서 "요점이 뭐야?"라는 지적을 들은 적이 있다. ☐

"전화오셨어요.", "상품 도착하셨어요." 같은 사물 존대 표현을 습관적으로 쓴다. ☐

회의 시간에 의견을 낼 때 확신 없는 모호한 말투("…인 것 같은데요.")를 자주 쓴다. ☐

공적인 자리에서 사적인 감정을 섞어 감정적으로 대응할 때가 있다. ☐

메일이나 메신저를 보낼 때 오탈자를 꼼꼼히 확인하지 않고 전송 버튼을 누른다. ☐

거절의 말이 어려워 거절해야 할 업무 요청을 미루다 타이밍을 놓쳐 곤란해지곤 한다. ☐

"아, 네네.", "에…."같이 의미 없는 추임새를 습관적으로 반복한다. ☐

동료나 후배에게 친하다는 이유로 공적인 자리에서도 반말을 섞어 쓴다. ☐

업무 지시를 받을 때 메모하지 않고 듣기만 하다가 내용을 잊어버린다. ☐

죄송하다고 말해야 할 때 변명부터 늘어놓게 된다. ☐

다소 무례한 고객이나 동료의 말에 감정적으로 맞받아치곤 한다. ☐

엘리베이터나 복도에서 상사와 마주치면 어색해서 돌아가거나 눈을 피한다. ☐

내 실수를 인정하지 않고 상황 탓을 하거나 동료 또는 남 탓으로 돌려 말한다. ☐

업무용 메신저에서 지나치게 많은 이모티콘이나 줄임말, 초성(ㅋㅋ, ㅇㅇ, ㅎㅎ)을 사용한다. ☐

"김 대리⋯."

불러 놓고 10분째 침묵하는
공포의 메신저

사람만 부르지 말고 용건을 함께 건네라

회사에서 업무를 보고 있는데 메신저 알림이 울립니다. 확인해 보니 상사(혹은 동료)에게서 온 메시지입니다.

(띵동) "김 대리⋯."

(띵동) "팀장님, 지금 바쁘세요?"

그리고 침묵⋯. 1분, 5분, 10분이 지나도록 다음 메시지가 오지 않습니다. 화면 하단에 '작성 중⋯'이라는 표시만 깜빡이다가 사라지기를 반복하죠. 이 짧은 침묵의 시간 동안 메시지를 받은 사람의 머릿속에는 오만가지 생각이 스쳐 지나갑니다.

'뭐지? 내가 뭐 실수했나? 내가 잊고 있는 내용이 있나?'

'왜 말을 안 하지? 뜸 들이는 거 보니 안 좋은 소식인가?'

'지금 대답하면 바로 일 더미를 던져 주려는 건가?'

말을 건 사람은 단순히 '바쁜지 먼저 확인하고 용건을 말해야지'라고 생각한 걸 수도 있습니다. 하지만 용건 없는 호출은 받는 사람에게 불안감을 줄 수 있습니다. 마치 누군가 내 방문을 똑똑 두드렸는데, 문을 열어 보니 아무도 없는 공포영화의 한 장면과도 같거든요.

이런 대화 방식의 가장 큰 문제는 상대방의 뇌를 섣부르게 깨우고 낭비하게 만든다는 점입니다. 용건을 모르면 계속해서 긴장한 상태로 대기해야 합니다. 하던 일에서도 집중력이 깨지고 온 신경이 메시지 창의 알림에 쏠리죠. 게다가 서로 답장 타이밍이 엇갈릴 경우 1분이면 끝날 대화가 한 시간 동안 이어지는 비효율적인 핑퐁 게임이 되어 버립니다.

용건 없는 호출은 노크가 아니라 경고음처럼 들립니다. 적절한 비즈니스 메시지이자 효율적인 소통의 핵심은 두괄식입니다. 상대가 메시지를 확인했을 때 '무슨 일인지'와 '얼마나 걸리는지'를 즉시 판단할 수 있게 해줘야 합니다. 그래야 상대가 불필요한 긴장을 하지 않고 시간을 아낄 수 있습니다. 이제는 이름을 부를 때 용건이라는 선물을 함께 포장해서 보내 주세요.

'부르고 → 기다리고 → 대답하면 → 말한다'의 4단계를 '부르면서 용건을 말한다'의 1단계로 줄이는 것. 이것이 프로 일잘러들의 소통법입니다. 상대의 시간을 뺏고 싶지 않다면 내 용건부터 투명하게 공개하세요.

'노크'와 '용건'을 한 번에 해결하는 법

메신저를 보낼 때 전송 버튼을 너무 빨리 누르지 마세요. 호칭과 용건을 한 문장 혹은 한 번의 말풍선에 담아 보내는 연습을 해 봅시다.

Case 1. 업무 협의나 요청을 할 때

"바쁘세요?"라고 묻는 것은 프로답지 않습니다. 바쁜지 안 바쁜지는 용건의 경중을 알아야 판단할 수 있으니까요.

[Before]
"실장님." (5분 뒤) "혹시 지금 바쁘세요?"

[After]
"실장님, 이번 프로젝트 일정 관련해서 잠깐 공유해 드릴 게 있어요! 급한 건 아니니 시간 괜찮으실 때 말씀 주세요. :)"

Case 2. 질문이나 확인이 필요할 때

"여쭤볼 게 있는데요."라고만 하면 상대는 얼마나 걸리는 질문인지 몰라 부담을 느낍니다. 질문의 주제와 예상 소요 시간을 알려 주세요. 그래야 상대가 덜 부담스럽습니다.

[Before: 막연한 호출]
"팀장님, 뭐 하나만 여쭤 봐도 될까요?"

[After: 구체적인 질문]

"팀장님, 휴가 규정 관련해서 가볍게 여쭤 보고 싶은 게 있는데 지금 통화 가능하신가요? 1분이면 됩니다!"

Case 3. 친구 사이에서 약속을 잡을 때

친구 사이라도 "규원아~." 하고 사라지는 건 일종의 '간보기'처럼 느껴질 수 있습니다. 안부는 용건 뒤에 물어도 늦지 않습니다. 목적이 분명할 때 관계도 산뜻해집니다.

[Before]

"규원아~." (읽었는데 세 시간째 다음 메시지가 없음)

[After]

"규원아, 이번 주 토요일에 시간 어때? 맛있는 거 먹으러 가자!"

메시지는 수수께끼가 되어서는 안 됩니다

우리는 상대방을 배려한답시고 '지금 말 걸어도 되나?' 하면서 조심스레 상대를 부릅니다. 하지만 역설적으로 그 조심성 때문에 상대방은 더 큰 스트레스를 받습니다. '무슨 일이 있나?' 하고 걱정하는 것이죠. 이는 정보의 비대칭이 주는 긴장감 때문입니다. 나는 무슨 말을 할지 알지만 상대는 모르니까요.

메신저 창에 상대의 이름을 적었다면 그 뒤에 바로 '왜 불렀는지'

를 적어 주세요. 상대방이 그 메시지를 보자마자 '아, 이 일 때문이구나!' 하고 안심할 수 있도록요.

"팀장님, A 건 컨펌 부탁드립니다."

이렇게 호출과 용건이 하나로 합쳐진 메시지는 상대방을 안심하게 합니다. 깜빡이는 '작성 중' 표시를 보며 마음 졸이게 하지 않는 것, 이것이 비대면 시대에 우리가 지켜야 할 가장 따뜻한 매너입니다. 당신의 용건이 투명할수록 상대방의 답장은 빨라집니다.

"주문하실게요."

친절한 미소 뒤에 숨은 '강요'의 말투

듣는 사람의 선택권을 뺏지 않는 배려의 기술

친구와 유명한 카페에 가서 설레는 마음으로 차례를 기다리다가 직원의 한마디에 기분이 묘해진 경험, 다들 있으실 겁니다.

"고객님, 지금 주문하실게요."

"이쪽으로 앉으실게요."

"계산은 현금으로 하실게요."

분명 직원은 상냥하게 웃고 있고 목소리도 친절합니다. 그런데 듣는 사람은 왠지 모르게 압박감을 느낍니다. 마치 빨리 주문해야만 할 것 같고, 빨리 계산하고 나가야 할 것 같은 조급한 마음이 들죠. 처음엔 '내가 너무 예민한가?' 싶지만 사실 많은 분이 이 말투에서 불편함을 느낍니다. 그 이유는 이 말이 겉만 존댓말일 뿐 내용은 '명령'이기 때문입니다.

문법적으로 '…할게요'는 화자의 의지를 나타낼 때 쓰는 말입니다. "제가 할게요."처럼요. 그런데 이것을 청자에게 쓰면 '너는 이제 …를 하게 될 거야'라는 일방적인 통보나 예언이 되어 버립니다. 화용론적pragmatics 관점에서 보면 이는 청자의 선택권을 뺏는 비협조적인 화법입니다.

따라서 '…하실게요'는 친절한 권유가 아니라 '내 말을 따라 하라'는 부드러운 통제입니다. "주문하실게요."라는 말에는 '지금 주문해'라는 뉘앙스가 숨어 있습니다. 상대방이 자율적으로 행동할 기회를 뺏고 직원이 정해 준 대로 움직이게 만들기 때문에 무의식적인 거부감이 드는 것이죠.

진정한 친절은 상대를 내 타이밍에 맞추는 게 아니라 상대에게 선택권을 넘겨주는 겁니다. 불편한 통제를 존중의 질문으로 바꾸는 법은 아주 간단한데요. '…하실게요'를 '…하시겠어요?' 하고 어미만 바꾸면 됩니다.

'통보'를 멈추고 '의향'을 묻는 한 끗 차이

상대에게 요청을 할 때는 '…하실게요'라고 행동을 정해 주지 말고 '…하시겠어요?'라고 물어봐 주세요. 선택권이 생길 때 마음은 편안해집니다.

Case 1. 선택을 요청할 때(주문/메뉴)

고객을 재촉하지 마세요. 준비가 되었는지 묻는 게 순서입니다.

[Before: 행동 통제]

"지금 주문하실게요."

[After: 의사 존중]

"지금 주문하시겠어요?"

"주문 도와드릴까요?"

Case 2. 행동을 요청할 때(계산/이동)

행동을 통제하지 말고 가능한지 의향을 물어보세요. 명령어를 의문문으로 바꾸는 순간 상대방을 배려하는 말이 됩니다.

[Before: 행동 통제]

"앞쪽으로 나오실게요."

"현금으로 계산하실게요."

[After: 의사 존중]

"앞쪽으로 나와 주시겠어요?"

"현금으로 계산하시겠어요?"

품격은 '선택권'을 주는 태도에서 나옵니다

우리가 식당이나 서비스 센터에서 기분이 좋아지는 순간은 대단한 서비스를 받았을 때가 아닙니다. 내가 '존중받는 주체'라고 느껴질 때입니다. "앉으실게요."라는 말을 들으면 나는 직원의 지시에 따라 움직이는 객체가 되지만 "이쪽으로 앉으시겠어요?"라는 말을 들으면 나는 내 의지로 자리를 선택한 주인이 됩니다.

말투는 습관입니다. 특히 서비스직에 종사하는 분들은 주변에서 다들 그렇게 쓰다 보니 잘못된 표현을 '친절한 서비스 말투'라고 오해하는 경우가 많습니다. 상냥한 톤보다 중요한 건 상대를 존중하는 문법입니다.

오늘부터 '…하실게요'라는 말을 지우고 대신 그 자리에 '…하시겠어요?' 혹은 '…해주시겠어요?'를 채워 넣으세요. 작은 조사 하나, 어미 하나를 바꾸는 것만으로도 상대방은 강요받는 느낌 없이 편안하게 당신의 안내를 따를 겁니다. 친절은 상대를 내 뜻대로 움직이는 게 아니라 상대가 기꺼이 움직일 수 있도록 문을 열어 주는 겁니다.

"앗…, 넵!"

습관적인 추임새가
당신의 '프로 의식'을 흐린다

당황한 감탄사를 지우고 실행 의지가 담긴 마침표를 찍는 법

직장에서 상사나 선임에게 지적을 받거나 업무 지시를 받을 때 나도 모르게 튀어나오는 말버릇이 있습니다.

상사: 이 서류는 미리 검토하셨어야죠.
나: 앗…, 넵!

선임: 지난번에 말씀드린 수정은 아직 안 됐네요?
나: 앗…, 넵….

팀장: 내일 회의 때까지 정리될까요?
나: 앗…, 넵!

저도 사회 초년생 시절, 입에 붙어 있던 대답이 바로 이 "앗, 넵!" 이었습니다. 순간적으로 당황해서 혹은 빨리 상황을 모면하고 싶어서 반사적으로 튀어나오는 말이죠. 겉으로 보기엔 순응하는 태도 같지만 비즈니스 커뮤니케이션 관점에서 이 말버릇은 자칫 위험할 수 있습니다. 용건을 대충 넘기거나, 깊이 생각하지 않고 반복적으로 반응하는 인상을 줄 수 있기 때문입니다.

이 짧은 두 글자가 왜 문제일까요?

첫째, '앗'이라는 감탄사에 섞인 비언어적 뉘앙스 때문입니다. '앗'은 놀람, 당황, 실수 인식 혹은 미세한 짜증이 내포된 표현입니다. 그리고 상사는 말의 내용보다 화자의 톤, 억양, 표정을 더 크게 받아들입니다. 그래서 '앗'이라는 말은 '죄송합니다'가 아니라 '아차, 걸렸네' 혹은 '아, 귀찮아'라는 신호로 들릴 수 있습니다. 습관적인 '앗'은 듣는 사람에게 '하기 싫은데 억지로 대답한다'라거나 '책임지고 싶지 않다'라는 부정적인 회피 신호로 해석될 가능성이 있습니다.

둘째, '넵'이라는 대답의 불명확성 때문입니다. '넵'은 긍정의 표시이긴 하지만 그 안에 행동 계획이 빠져 있습니다. 상사는 "알겠습니다."를 듣고 싶은 게 아니라 언제 어떻게 하겠다는 걸 알고 싶어 합니다. 그런데 쭈뼛거리며 "앗…, 넵!" 하고 대화를 끝내면 상사는 '진짜 알아들은 건가?', '고치겠다는 건가, 말겠다는 건가?' 하며 불안감을 느끼게 됩니다. 결국 "넵!"만 하고 움직이지 않는, 책임감 없는 자동응답기 같다고 생각할 수 있습니다.

상사가 원하는 대답은 '네'가 아니라 '어떻게'입니다. 이제 이 무의미한 추임새를 걸어 내야 합니다. '앗'을 삼키고 '넵' 뒤에 구체적인 실행 의지가 담긴 말을 붙여 주세요. 그 작은 변화가 당신을 주눅 든 신입에서 믿고 맡길 수 있는 든든한 파트너로 바꿔 줄 것입니다.

프로는 '당황'하지 않고 '다짐'합니다

"앗…, 넵!"이 나올 때 의식적으로 멈추세요. 그리고 "네, 바로 하겠습니다.", "네, 확인했습니다."라고 분명하게 말하세요.

Case 1. 실수를 지적받았을 때 '인정하고 수정하기'

[Before: 당황한 반응]

"앗…, 넵!"

[After: 프로의 반응]

"네, 제가 그 부분을 놓쳤습니다. 바로 수정하겠습니다."

Case 2. 업무 진행을 확인받을 때 '현황과 계획 밝히기'

[Before: 회피형 반응]

"앗…, 넵. 아직…."

[After: 프로의 반응]

"네, 현재 80퍼센트 정도 진행되었습니다. 말씀해 주신 수정 사항 반영해서 오늘 오후 2시까지 다시 올리겠습니다."

Case 3. 지시를 받았을 때

그냥 "넵!" 하고 자리로 돌아가지 마세요. 지시 사항을 어떻게 처리할지 계획을 공유해 주세요.

[Before: 수동적 반응]

"앗⋯, 넵. 알겠습니다."

[After: 프로의 반응]

"네, 알겠습니다. 오늘 안으로 보고할 내용을 정리해서 회의 전에 공유하겠습니다."

추임새를 버리고 그 자리에 '행동'의 언어를 심으세요

"앗⋯, 넵!"은 대체로 긴장해서 혹은 예의를 갖추기 위해 무의식적으로 사용하는 리액션입니다. 하지만 냉정하게 말해서 상대방이 볼 때는 예의 있는 태도가 아니라 오히려 자신감 부족으로 보입니다. 상사는 당신의 '앗'에 담긴 당황함을 보고 싶어 하지 않습니다. 그들이 보고 싶은 건 실수 앞에서도 당당하게 "네, 바로잡겠습니다."라고 말하는 당신의 태도입니다. 말끝을 흐리는 사람은 변명을 하고 말끝을 맺는 사람은 해결을 합니다.

오늘부터 입버릇처럼 나오는 '앗'을 의식적으로 삭제해 보세요. 그리고 그 빈자리를 "네, 바로 하겠습니다.", "네, 확인했습니다."라는 명쾌한 언어로 채워 보세요. 당신이 내뱉는 그 단단한 확언들이 쌓여 책임을 회피하는 사람이었던 당신의 이미지를 무슨 일이든 믿고 맡길 수 있는 사람으로 바꿔 놓을 겁니다.

"아까 그거, 그쪽에 둬."

듣는 사람의 뇌를 방전시키는
스무고개 화법

지시대명사 대신 고유명사로 대화의 해상도 높이기

정신없이 바쁜 업무 시간, 동료나 상사가 지나가며 툭 던지는 한마디에 머릿속이 하얗게 돼서 하던 일도 더 이상 하지 못하고 손을 놓아버렸던 적이 있으신가요?

"김 대리, 그거 지난번처럼 하면 되고요."

"이건 오늘 중으로 처리해 주세요."

"아, 그리고 아까 그거는 그쪽에 넘기면 될 것 같아요."

듣는 순간 뇌 회로가 정지합니다. '그거'는 뭐고, '이거'는 또 뭐지? 지난번처럼 하라는 건 언제 했던 어떤 방식을 말하는 거지? '그쪽'은 마케팅팀인가, 아니면 팀장님 책상인가?

결국 다시 물어봐야 합니다. "죄송한데, 아까 말씀하신 '그거'가 회의 자료 말씀하시는 건가요?" 그러면 상대는 오히려 답답하다는 듯 대답하죠. "아, 네. 그거요."

이처럼 지시대명사(그것, 저것, 거기 등)나 애매한 호칭(그 친구, 그 선배)을 남발하는 화법은 커뮤니케이션의 가장 큰 장벽입니다. 말하는 사람은 자신의 머릿속에 '그것'이 무엇인지 명확하기 때문에 상대방도 당연히 알 것이라고 착각하는 겁니다. 이를 심리학에서는 '지식의 저주' the curse of knowledge 라고 부릅니다. 이미 알고 있는 사람은 모르는 사람의 입장을 이해하지 못하는 인지 편향으로, 소통과 판단에 장애를 만든다는 의미입니다.

말하는 사람의 편리함이 커질수록 듣는 사람의 불안함은 커집니다. 이런 화법은 말하는 사람에게는 에너지를 절약하고 의사소통의 효율을 극대화할 수 있는 것일지 모르지만 듣는 사람에게는 엄청난 에너지 소모를 유발합니다. 문맥을 파악하고 추리하느라 뇌가 자원을 많이 소비하기 때문이죠.

더 큰 문제는 자칫 업무 사고로 이어질 수 있다는 점입니다. 나는 A 서류를 말했는데, 상대는 B 서류로 알아듣고 엉뚱한 일을 처리하게 되는 식이죠.

모호함은 실수의 씨앗입니다. 일 잘하는 사람의 언어에는 '그것', '저것'이 없습니다. 그들의 언어에는 정확한 이름표가 붙어 있습니다. 상대를 탐정으로 만들지 않는 명확한 지시법은 무엇이며, 그것을 어떻게 연습해야 할까요?

대명사를 고유명사로 바꿔 문장의 해상도 높이기

말을 할 때 내 머릿속의 이미지를 그대로 출력하지 말고 텍스트로 변환해서 내보내야 합니다. 귀찮더라도 정확한 명칭으로 부르는 것이 가장 빠른 길입니다.

Case 1. 업무를 지시할 때 '그것' 금지

"그거는….''이라고 말하고 싶을 때 정확한 파일명이나 업무명을 말하세요. 모호한 지시는 오해를 낳고 명확한 명칭은 행동을 낳습니다.

[Before: 스무고개 화법]
"그거 오늘까지 처리해 주세요."
[After: 고유명사 화법]
"고객 응대 매뉴얼 수정본, 오늘까지 처리해 주세요."

Case 2. 사람을 지칭할 때 '그 친구' 금지

'그 친구', '그 선배'는 관계를 헷갈리게 만듭니다. 사내에서는 정확한 이름과 직함을 사용하는 것이 원칙입니다. 구체적인 이름을 불러 주세요. '그 사람'이라고 뭉뚱그리는 순간 책임 소재도 흐릿해집니다.

[Before: 스무고개 화법]
"그 친구가 예전에 그 선배랑 같이 일했는데, 같이 일했던 분이…."

귀찮음을 감수하는 것이 '배려'이자 '능력'입니다

우리는 뇌의 에너지를 아끼기 위해 본능적으로 짧고 간편한 대명사를 사용하려 합니다. 예를 들어 '고객 응대 매뉴얼 수정본'이라고 긴 단어를 말하는 것보다 '그거'라고 말하는 게 훨씬 쉽고 빠르기 때문입니다.

하지만 비즈니스 대화의 제1 원칙은 '정확성'입니다. 절친한 친구 사이에서는 "아, 그거 있잖아."라고 말해도 바로 알아들을 수 있지만 일터에서 그런 텔레파시를 기대해서는 안 됩니다. 약간의 귀찮음을 감수하고 친절하게 명사를 읊어 주어야 합니다. 이런 당신의 습관이 불필요한 오해를 막고 업무 속도를 두 배로 높이는 '일잘러'의 비결이 될 것입니다.

"제가 이거 해났어요."

집에서 쓰던 말투,
회사까지 가져오셨나요?

가벼운 일상어를 신뢰받는 비즈니스 언어로 바꾸는 한 끗

회사 생활을 하다 보면 일은 참 잘하는데 말하는 순간 이미지를 깎아 먹는 동료들이 있습니다. 사람 자체가 무례해서가 아닙니다. 그저 '친구랑 대화하듯' 너무 편하게 말하기 때문입니다.

"팀장님, 제가 이거 다 해났어요."

"아까 말씀하신 거 고쳤어요."

"팀장님, 잠시만요. 저랑 얘기 좀 해요."

"이거 빨리 해주세요. 급해요."

어떤가요? 의미는 통하지만 어딘지 모르게 가볍고 전문성이 부족해 보이지 않나요? 신입 사원이나 연차가 낮은 분들이 자주 범하는

실수가 바로 일상적인 말투를 업무 대화에 그대로 가져오는 겁니다. 집에서 가족에게 말하듯 "…했어요.", "…할게요."라고 말하면 친근해 보이리라 생각하지만 비즈니스 현장에서는 자칫 '공사를 구분 못 하는 사람' 혹은 '준비가 덜 된 아마추어'로 비칠 위험이 큽니다.

물론 너무 딱딱하게 "…했습니까?", "…하옵니다."라고 말할 필요는 없습니다. 우리가 지향해야 할 것은 '예의 있는 말투'입니다. 격식은 차리되 상대방을 배려하는 정중함이 묻어나는 언어 말이죠. 말투는 옷차림과 같습니다. 집에서 입던 잠옷을 입고 출근할 수 없듯 말에도 유니폼을 입혀야 합니다.

표현을 아주 조금만 다듬어도 상대가 받는 인상은 180도 달라집니다. "해놨어요."가 "처리했습니다."로 바뀌는 순간 당신은 '심부름한 동생'에서 '업무를 완수한 담당자'가 됩니다. "빨리 해 주세요."가 "이 일정으로 부탁드려도 될까요?"로 바뀌는 순간 당신은 '떼쓰는 사람'에서 '협업을 요청하는 파트너'가 됩니다. 나의 격을 올려 주는 비즈니스 번역기, 상황별로 어떻게 돌려야 할까요? 자주 쓰는 일상어를 품격 있는 비즈니스어로 바꾸는 연습을 해 봅시다.

비즈니스어로 말에 가벼움을 덜어 내고 무게감을 더하세요

다음 연습을 통해 내가 평소에 일상어를 말하고 있지는 않은지 체크해 보세요. 일상어를 비즈니스어로 바꾸는 것만으로도 당신의 프로페셔널함이 더해지는 효과를 줍니다.

Case 1. 업무를 보고할 때 '유치원생' 말투 탈출하기

상사에게 업무를 보고할 때 "…했어요." 같은 단순한 서술어는 피하세요. 구체적인 행위를 명시하는 한자어 동사를 섞어서 말하면 훨씬 전문적으로 들립니다.

상황	가벼운 일상어(Before)	품격 있는 비즈니스어(After)
완료 보고	"제가 다 해 놨어요."	"제가 처리해 두었습니다." "완료했습니다."
수정 보고	"그 부분 고쳤어요."	"해당 부분 수정했습니다."
상태 보고	"저는 끝났어요."	"제 업무는 마무리되었습니다."
확인 질문	"이거 얘기를 들으셨어요?"	"이 부분 전달받으셨을까요?"
재확인	"뭐라고 하셨어요?"	"죄송하지만 다시 한번 말씀해 주시겠습니까?"

동사를 바꾸면 태도가 바뀝니다. '했다'라고 하지 말고 '수행했다'라고 말하세요.

Case 2. 상대에게 요청할 때 '명령조' 지우기

"…해주세요.", "…하세요."는 자칫 지시나 명령처럼 들릴 수 있습니다. 상대의 시간과 에너지를 존중하며 의문형으로 바꾸거나(쿠션어) 정중하게 부탁하는 표현을 써야 합니다.

상황	가벼운 일상어(Before)	품격 있는 비즈니스어(After)
시간 요청	"팀장님, 잠시만요~."	"팀장님, 잠시 시간 괜찮으실까요?"

독촉	"빨리 해 주세요."	"가능하시다면 오늘 중으로 부탁드려도 될까요?"
도움 제안	"제가 도와줄게요."	"제가 도움이 될 수 있을까요?" "지원해 드리겠습니다."
허락 구하기	"그거 해도 돼요?"	"그렇게 진행해도 괜찮을까요?"
위로/안심	"신경 쓰지 마세요."	"걱정하지 않으셔도 괜찮습니다."

재촉하지 말고 부탁하세요. 비즈니스에서 속도를 높이는 건 '명령'이 아니라 '정중함'입니다.

Case 3. 거절하거나 반대할 때 '감정' 빼기

부정적인 말을 할 때 직설적으로 말하면 싸우자는 것처럼 들립니다. 객관적인 상황이나 완곡한 표현으로 포장해야 합니다.

상황	가벼운 일상어(Before)	품격 있는 비즈니스어(After)
거절	"안 될 것 같아요."	"현재 상황에서는 진행하기가 어려울 듯합니다."
이유 묻기	"왜 그러셨어요?"	"어떤 이유에서 그렇게 진행하신 건지 여쭤 봐도 될까요?"
현황 묻기	"어떻게 됐어요?"	"현재 진행 상황을 여쭤 봐도 괜찮을까요?"
반대	"그건 좀 아닌 것 같은데요."	"그 부분은 좀 더 검토가 필요할 것 같습니다."
유보	"생각해 볼게요."	"내부적에서 검토한 후 말씀드리겠습니다."

말투의 '온도'와 '습도'를 조절하세요

흔히 격식을 차린다고 하면 우리는 로봇처럼 딱딱하고 차가운 말투를 떠올립니다. 반대로, 편하게 말한다고 하면 예의를 내려놓고 친구처럼 대하는 것을 생각하죠. 하지만 진정한 비즈니스 화법은 그 중간의 어딘가에 있는 최적의 온도를 찾는 것입니다. 너무 뜨겁게 감정을 싣지도 않고 너무 차갑게 사무적으로만 대하지도 않는 것.

상대를 존중하는 마음(예의)을 베이스로 깔고, 그 위에 정확한 단어(격식)를 얹는 것이 바로 우리가 지향해야 할 예의 있는 말투입니다. 일 좀 하는 사람들은 말로 자신의 자존감을 지킵니다. 편한 언어 뒤에 당신의 귀한 능력을 숨기지 마세요.

오늘부터 내 입에서 나가는 단어들을 한번 점검해 보세요. 습관적으로 "제가 해놨어요!"라고 외치려 했다면 잠시 멈추고 "제가 처리해 두었습니다."라고 말해 보세요. "잠시만요." 대신 "시간 괜찮으신가요?"라고 물어보세요.

당신이 사용하는 어휘의 품격이 높아질수록 동료들이 당신을 대하는 태도 또한 그에 걸맞게 정중해질 겁니다. 말투를 바꾸는 건 당신의 커리어에 가장 가성비 좋은 투자가 될 거예요.

"아니, 내 말은 그게 아니고!"

숨 쉴 틈 없이 몰아치는
기관총 화법

말의 속도를 늦추고 여백을 두어 상대를 숨 쉬게 하라

업무 협의를 하거나 연인과 다툴 때 상대방에게 틈을 주지 않고 속사포처럼 말을 쏟아 내는 사람들이 있습니다.

"제가 아까도 말씀드렸는데요, 이번 보고서는 기준에 맞게 다시 작성해 주셔야 합니다. 그리고 관련 자료는 메일로도 드렸습니다. 확인해 보셨나요? 안 보셨으면 지금…."

"내가 아까도 얘기했잖아, 그건 네가 잘못 생각한 거고. 그리고 나한테 그렇게 말하면 안 되지. 내가 몇 번을 말했어? 어?"

듣는 사람은 어떤 기분일까요? 내용은 둘째치고 숨이 턱 막힙니다. 마치 벼랑 끝으로 몰리는 듯한 압박감을 느끼죠. 말하는 사람도 마찬가지입니다. 중간에 숨 쉴 타이밍을 잡지 못해 얼굴이 붉어지고 호흡이 가빠집니다. 이렇게 쉬지 않고 말을 몰아치면 상대방은 내가 전하려는 정보를 해석하고 받아들이는 게 아니라 소음을 견디는 상황이 됩니다. 뇌가 내용을 처리할 시간이 없기 때문에 이해하려고 노력하기보다 일단 쏟아지는 소음 공격을 막아야겠다는 생각에 방어적인 태도로 굳어 버리죠.

말을 쏟아 내는 것은 웅변이고 말을 나누는 것이 대화입니다. 혼자 달리면 상대는 낙오됩니다. 말하기의 목적은 내 생각을 상대에게 전달하고 입력하는 것입니다. 그런데 입력할 시간을 주지 않고 계속해서 데이터만 밀어 넣으면 상대방의 입력 시스템은 과부하가 걸려 멈춰 버리고 맙니다. '왜 내 말을 못 알아들어?'라고 답답해하기 전에 내가 상대에게 생각할 시간을 주었는지 돌아봐야 합니다.

대화의 주도권은 말이 빠른 사람에게 있는 것이 아니라 침묵을 다루는 사람에게 있습니다. 상대가 내 말을 온전히 소화하고 감정적인 방어벽을 내리게 하려면 중간중간 멈춰야 합니다. 말의 속도를 늦추고 상대의 표정을 살피는 '쉼표의 기술'이 필요합니다.

상대를 배려하는 '쉼표 & 확인' 화법

말을 끊지 않고 하는 습관을 버리세요. 한 문장이 끝나면 반드시 마침표를 찍고, 상대의 눈을 보며 3초간 멈추는 연습이 필요합니다.

Case 1. 업무 지시 및 피드백을 할 때 '멈추고 상대를 보기'

몰아쳐서 말하면 잔소리가 되지만 끊어서 말하면 중요한 지시가 됩니다. 상대가 고개를 끄덕일 때까지 기다리세요. 침묵은 비어 있는 공간이 아닙니다. 상대가 내 말을 소화하고 있는 가장 바쁜 시간입니다.

[Before: 숨 참고 말하기 화법]

"제가 아까도 말씀드렸는데요. 보고서는 다시 작성해 주셔야 하고 자료는 메일로 드렸으니까 확인하세요."

[After: 쉼표 화법]

"제가 말씀드리고 싶은 건요…." (멈추고 상대의 표정을 확인한다.)

"이번 보고서는 기준에 맞게 다시 작성해 주셔야 합니다." (3초 멈추고 상대가 내용을 인지할 시간을 부여한다.)

"관련 자료는 메일에 있습니다. 확인하실 수 있을까요?"

Case 2. 갈등 상황일 때 '멈추고 침묵하기'

감정이 격해질수록 말을 멈춰야 합니다. 쉼표는 이성을 되찾아 주는 브레이크 역할을 합니다. 멈추면 비로소 보입니다. 상대의 굳은 표정도, 나의 가쁜 호흡도.

[Before: 숨 참고 말하기 화법]

"아니, 내 말은 그게 아니고, 네가 잘못 생각한 거고. 나한테 그렇게 말하면 안 되지!"

[After: 쉼표 화법]

"내가 말하고 싶은 건…." (멈추고 상대의 표정을 본다.)

"그건 네가 조금 잘못 생각한 부분이라는 거야." (3초 멈춘다.)

"그리고 그렇게 말했을 때…, 난 좀 서운했어."

Case 3. 전화 통화나 비대면 상황일 때 '메모하는지 체크하기'

보이지 않는 곳에서는 더 자주 멈춰야 합니다. 상대가 받아 적고 있는지 반드시 확인하세요.

[Before: 숨 참고 말하기 화법]

"일정은 사흘입니다. 장소는 A 호텔이고, 준비물은 이거, 저거, 그거 챙겨 오시면 됩니다."

[After: 확인 질문 화법]

"일정은 사흘, 장소는 A 호텔입니다." (멈춘다.)

"혹시 여기까지 이해하셨을까요?" (메모하는지 확인한다.)

"네, 그럼 준비물 말씀드리겠습니다."

대화는 즉답 반응이 아니라 이해가 쌓이는 과정입니다

말을 쉴 새 없이 몰아치는 사람들은 무의식적으로 침묵에 대한 공포가 있거나 '내가 주도권을 뺏기면 안 된다'라는 강박이 있는 경우가 많습니다. 그래서 상대가 끼어들 틈을 주지 않고 내 논리를 완벽하게 전개하려고 합니다. 하지만 말하기는 혼자 하는 웅변이 아닙니다. 상대방이 고개를 끄덕이고 있는지, 미간을 찌푸리고 있는지, 메모하고 있는지 확인하지 않고 혼자 달리는 말하기는, 아무리 좋은 내용이라도 독백이 될 수 있습니다.

진정한 설득력은 유창한 언변이 아니라 상대를 기다려 주는 여백에서 나옵니다. 상대를 압박하고 싶지 않다면 그리고 내 말이 공허한 메아리가 되지 않길 바란다면 쉼표를 꼭 남겨 두세요. 문장과 문장 사이에 '제 말이 이해되시나요?'라는 눈빛을 보내고 '잠시 생각할 시간을 드릴게요'라는 침묵을 섞어 주세요. 그 짧은 멈춤의 시간 동안 상대방은 방어벽을 거두고 당신의 이야기를 마음으로 받아들일 준비를 할 거예요.

말을 멈추는 순간 비로소 소통이 시작됩니다. 말을 쏟아붓지 말고 멈춰 주세요. 내가 멈춰야 상대가 내용을 소화할 수 있습니다.

직장 내 반존대의 위험한 유혹

친근함과 무례함 사이, 선을 넘지 않는 프로의 거리두기

직장에서 동료와 대화하다 보면 분명 존댓말을 쓰고 있는데 묘하게 귀에 거슬리는 말투가 있습니다.

"결제는 현금이세요? 아니면 카드?"

"내용은 알긴 알겠는데 거 참, 어렵네⋯. 알겠습니다."

"저 뭐부터 하면 될까요? 난 할 거 없나?"

"세미나 가세요? 끝나는 시간이 너무 애매하지 않나?"

"아뇨, 나 너무 배고파."

말이 '-요'로 끝나서 존댓말로 예의를 갖춘 것 같지만 중간중간 반말의 요소들이 툭툭 튀어나옵니다. 이를 '반존대'라고 하는데요.

존댓말과 반말을 섞어 쓰는 화법입니다.

이 말투가 유일하게 환영받는 상황은 딱 하나, 바로 연애할 때입니다. "누나, 오늘따라 왜 이렇게 예뻐요? 자꾸 너만 보게 되잖아."처럼요. 하지만 비즈니스 상황에서 반존대는 설렘이 아니라 자칫 불쾌함을 유발할 수 있습니다. 듣는 사람은 혼란스러울 겁니다. '지금 나랑 친구 하자는 건가? 혹시 나를 만만히 보는 건가? 아니면 내가 그렇게 편한가?' 특히 '나, 너, -지, -네, -잖아, -더라, 아, 응, 맞아' 같은 단어와 어미들이 섞이면 문장 끝에 아무리 '-요'를 붙여도 그 말은 반말이나 다름없습니다.

반존대의 문제는 문법의 오류가 아니라 관계의 선을 넘는 태도입니다. 이러한 반존대 말투를 지적하면 대부분이 "혼잣말이었어요.", "친해서 편하게 말한 거예요."라고 해명합니다. 하지만 직장은 사적인 친분을 과시하는 곳이 아니라 공적인 업무를 수행하는 곳입니다. 비즈니스와 관련된 상황도 마찬가지죠.

말은 단순히 높이고 낮추는 '높이'의 문제가 아닙니다. 나와 상대방 사이의 적절한 '거리'를 유지하는 것이 핵심입니다. 존댓말 속에 반말을 섞는 순간 안전거리는 무너지고 관계의 결은 흐트러집니다. 말은 높이보다 거리가 중요합니다. 존댓말을 섞어 쓰지 말고 끝까지 예의를 지켜 주세요.

그렇다면 이 위험한 반존대를 어떻게 바꿔 말해야 할까요? 감정은 남기되 어미와 단어를 정돈해서 프로답게 표현하는 기술이 필요합니다.

애매한 반존대를 지우고 존중을 채우세요

    평소 하는 말의 리듬과 단어 선택을 점검해 보세요. 특히 혼잣말처럼 흐리는 말꼬리에 주의하세요.

Case 1. 질문하거나 확인할 때 '조사/어미'에 주의하기

'…인가?', '…하지 않나?'처럼 혼잣말을 하는 듯한 표현은 상대에게 답을 강요하는 것 같고 무례하게 들립니다. 문장은 끝날 때까지 끝난 게 아닙니다. 말꼬리를 흐리지 말고 마침표를 찍어 보세요.

[Before: 반존대 화법]

"현금이세요? 아니면 카드인가?"

"세미나 가세요? 끝나는 시간이 너무 애매하지 않나?"

[After: 정중한 화법]

"현금으로 하시겠습니까, 아니면 카드로 하시겠습니까?"

"세미나 가시나요? 끝나는 시간이 조금 애매할 수도 있겠네요."

Case 2. 감정이나 상태를 표현할 때 '주어' 주의하기

'나' 대신 '저'를, '–잖아' 대신 '–네요'를 쓰세요. 이것만 지켜도 말의 품격이 올라갑니다.

[Before: 반존대 화법]

"아뇨, 나 너무 배고파."

"그건 좀 그렇잖아."

[After: 정중한 화법]

"아니요, 제가 지금 배가 많이 고프네요."

"그 부분은 조금 다르게 보이네요."

"그건 좀 곤란할 것 같습니다."

Case 3. 상대를 앞에 두고 독백에 주의하기

상대가 앞에 있는데 "거 참. 어렵네."라고 중얼거리는 건 들으라고 하는 불만 표시입니다.

[Before: 반존대 화법]

"알긴 알겠는데, 거 참. 어렵네…. 알겠습니다."

"나 할 거 없나? 뭐부터 하면 되죠?"

[After: 정중한 화법]

"이해는 되지만 조금 어렵게 느껴지네요. 알겠습니다."

"제가 특별히 맡을 업무가 없을까요? 무엇부터 하면 될까요?"

존댓말이라는 정장은 반바지와 섞어 입지 마세요

우리는 흔히 친해지면 말을 조금 편하게 해도 된다고 생각합니다. 그래서 딱딱한 격식을 허물고 가깝게 대화하고 싶을 때 슬그머니 반말 어미를 존댓말 사이에 끼워 넣습니다. 마치 정장 재킷 아래에 반바지를 입은 것처럼 편하면서도 예의는 갖췄다고 착각하는 거죠. 하지만 아무리 가까워도 공적인 관계에서 반존대는 예의가 아닙니다.

친한 선배, 친한 동료에게 "나 너무 힘들어."라고 투정 부리고 싶다면 "제가 요즘 조금 지치네요."라고 예의를 갖춰 말해 보세요. 그 작은 단어의 선택이 당신을 철없는 동생이 아닌 속 깊은 동료로 만들어 줄 겁니다.

"어디신데요?"

얼굴 없는 만남,
전화 응대의 품격

무심코 튀어나오는 생활 언어를 신뢰받는 비즈니스 언어로

일하다 보면 하루에도 여러 통의 전화를 주고받곤 합니다. 카드사에서 상담 업무를 주로 하는 분들의 경우 평균적으로 하루 150통의 전화 통화를 한다고 하죠. 이런 업무 통화, 과연 우리는 잘 해내고 있을까요? 얼굴이 보이지 않다 보니 종종 긴장을 풀고 평소 습관대로 편하게 말할 때가 있습니다.

　"여보세요? 어디신데요?"

　"잠깐만요."

　"네? 잘 안 들리는데요."

　"그건 오류인 것 같은데요?"

일상생활에서 친구와 통화할 때는 전혀 문제없는 말들입니다. 하지만 고객 응대나 비즈니스 상황에서 이런 말투는 상대방에게 성의 없다거나 공격적이라는 인상을 주기 쉽습니다.

전화는 표정이나 제스처를 보여 줄 수 없기에 오직 목소리의 톤과 단어 선택만으로 나의 태도가 결정됩니다. 그래서 사소한 말실수라도 하면 얼굴을 보고 하는 대화보다 훨씬 더 날카롭게 전달되죠. 특히 고객센터나 민원 응대 업무를 하시는 분들은 전달하는 내용이 아무리 정확해도 말투가 투박하면 바로 불친절하다는 컴플레인을 받습니다.

"A 방법으로 하셔야 돼요."라는 말은 지시처럼 들리지만 "A 방법으로 해주시면 됩니다."라는 말은 안내처럼 들립니다. 보이지 않는다고 안 들리는 게 아닙니다. 수화기 너머의 '분위기'까지 관리하는 것이 프로의 전화 매너입니다.

전화 응대의 핵심은 내가 편한 말이 아니라 듣는 사람이 편한 말로 바꾸는 것입니다. 무심코 쓰기 쉬운 일상적인 구어체 표현을 걷어 내고 상대의 귀에 쏙 박히면서도 부드러운 비즈니스 언어로 통화를 이어 가 보세요.

신뢰를 높이는 전화 화법

직설적으로 꽂히는 말을 부드럽게 감싸 안으세요. 명령을 청유로, 질문을 배려로 바꾸는 것이 포인트입니다.

Case 1. 신원과 용건을 확인할 때

"누구세요?", "네?"는 너무 날것의 표현입니다. 정중하게 물어보세요.

[Before: 직설적 질문]

"어디신데요?"

[After: 돌려 묻기]

"실례지만 어디서 전화 주셨을까요?"

[Before: 직설적 질문]

(못 들었을 때) "네?"

[After: 돌려 묻기]

"죄송하지만 다시 한번 말씀 주시겠어요?"

Case 2. 문제를 해결하거나 안내할 때

단정 짓거나 지시하지 말고 가능성을 열어 두고 제안하세요.

[Before: 단정 짓기]

"그게 오류인 것 같은데요?"

[After: 가능성 제시하기]

"말씀 주신 부분은 오류 가능성이 있어 보이니 확인해 보겠습니다."

[Before: 지시하기]

"A 방법으로 하셔야 해요."

[After: 정중히 요청하기]

"A 방법으로 진행해 주시면 됩니다."

[Before: '나' 중심 화법]

"말씀 주신 부분이 이해가 잘 안 가서요."

[After: '상대' 중심 화법]

"어떤 기준으로 말씀 하신 건지 한 번만 더 설명해 주실 수 있을까요?"

Case 3. 연결하거나 기다리게 할 때

전화 응대의 필수 스킬은 '대기 시간 관리'입니다. 그냥 끊거나 침묵하지 마세요.

[Before: 방치하기]

"잠깐만요."

[After: 대기하게 하기]

"잠시만요, 제가 바로 확인해 보겠습니다."

[Before: 책임 회피]

"제가 담당자가 아니어서요."

[After: 담당자 연결]

"고객님, 말씀 중에 죄송합니다. 해당 내용은 담당자분께 정확하게 전달되어야 해서, 담당자분께 직접 말씀해 주시는 게 더 편하실 것 같아요. 바로 연결 도와드리겠습니다."

Case 4. 통화 중 상대를 기다리게 할 때

전화 통화 중 정보를 검색하거나 시스템을 조회하느라 정적이 흐를 때가 있습니다. 이때 아무 말 없이 타자만 치고 있으면 고객은 "여보세요? 끊어졌나?" 하고 불안해합니다. 기다림을 '방치'하지 말고 '안내'해 주세요. 구체적인 시간과 이유를 먼저 말해 주면 고객은 자신이 방치된 게 아니라 서비스를 받고 있는 중이라고 느끼며 기분 좋게 기다릴 수 있습니다. 막연한 기다림은 지루하지만 예고된 기다림은 신뢰가 됩니다.

[Before: 무응답]
(타닥타닥 소리만 20초간 들림) "아, 고객님, 찾았습니다."
[After: 시간과 이유 안내]
"고객님, 해당 내용을 확인하는 데 약 20초 정도 소요될 예정인데 잠시만 기다려 주시겠습니까?"
"고객님, 정확한 조회를 위해 약 20초 정도만 양해 부탁드립니다."

전화기 너머에도 '사람'이 있습니다

통화할 때 우리는 종종 전화기라는 기계를 대하듯 무뚝뚝하게 말하곤 합니다. 하지만 그 기계 너머에는 내 말을 듣고 기분이 좋아지기도 하고, 상처받기도 하는 사람이 있습니다. 같은 "안 됩니다."라는 말도 "그건 안 돼요."라고 말하면 싸우자는 뜻이 되지만 "죄송하지만 그 부분은 어려울 것 같습니다."라고 말하면 양해를 구하는 뜻이 됩니다.

잠깐의 통화에도 보이지 않는 표정까지 담아 보세요. "어디신데요?" 대신 "어디서 전화 주셨을까요?"라고 말꼬리를 살짝 올리며 미소를 연상할 수 있게 해 보세요. 그 부드러운 억양 하나가 차가운 기계음을 뚫고 상대방의 마음에 따뜻한 신뢰를 심어 줄 거예요.

설명이 이상하게
잔소리처럼 들린다면

말에 힘을 빼고 친절을 남기는 기술

영상과 함께
확인해 주세요!

고객센터에 전화해서 문의하다가, 직장에서 업무 보고를 하다가 묘하게 기분이 상한 적 없으신가요? 상대방은 분명 존댓말을 쓰고 있고 틀린 얘기를 하는 것도 아니고 내게 욕을 한 것도 아닌데, 마치 '이것도 몰라요?'라고 야단맞는 기분이 들 때 말이에요.

"고객님, 그 부분은 제가 아까 말씀드렸던 부분인데요."
"대리님, 그건 매뉴얼 파일 열어 보시면 다 나와 있습니다."

내용만 보면 상황에 맞는 사실을 전달하는 말입니다. 하지만 듣는 사람의 얼굴은 화끈거립니다. 상대가 의도했든 의도하지 않았든 '아까 말했는데 왜 못 알아듣니', '찾아보면 다 있는데 왜 물어보니'라는 짜증과 무시하는 태도가 억양을 타고 그대로 상대방에게 전달되었기 때문입니다.

나는 별다른 감정 없이 친절하게 설명한다고 했는데 상대가 기분 나빠 하거나, 반대로 설명을 듣는데 혼나는 느낌이 든다면 이는 내용의 문제가 아니라 억양의 문제입니다.

힘 들어간 말투는 상대의 귀를 닫아 버립니다

상대방이 내 말을 한 번에 이해하지 못하거나 뻔한 것을 물어볼 때 우리는 무의식적으로 답답함을 느낍니다. 이 감정이 발현되지 않으면 문제가 없겠지만, 무의식적으로 목소리에 실려 특정 단어에 강한 힘$_{accent}$이 들어갈 때가 있어요. 이런 말투가 문제인 이유는 상대방을 '문제 있는 사람'으로 만들기 때문입니다.

1. 과도한 강조: '말씀드렸던', '했잖아요'를 강조하는 순간 책임은 '못 알아들은 상대방'에게 전가됩니다. 듣는 사람은 '너는 내 말을 귀담아듣지 않았다'라는 비난으로 받아들일 수 있습니다.

2. 단정적인 어투: 말끝을 과도하게 끌며 올리거나 툭 던지듯 내리꽂으면 '더 이상 묻지 마라'라는 귀찮은 마음이 전달됩니다.

3. 날카로운 억양: 날이 선 듯 날카로운 억양으로 설명하면 이는 설명이 아니라 지적이나 훈계처럼 들립니다.

이렇게 되면 상대방은 주눅이 들거나 "말을 왜 그렇게 하세요?"라며 방어적으로 나옵니다. 결국은 감정싸움으로 이어지기도 하죠.

그렇다면 오해 없이 설명하려면 어떻게 해야 할까요? 핵심은 '힘 빼기'입니다. 내가 강조하고 싶은 단어("내가 말했잖아.", "다 나와 있잖아.")에서 힘을 쏙 빼고 상대가 궁금해하는 정보에만 부드러운 억양을 얹어 주는 것입니다.

"아까 말했잖아요!" (×)
"네, 그 부분은 이렇게 이해하시면 됩니다." (○)

"찾아보면 다 나와 있어요." (×)
"그 부분은 여기 파일을 열어 보세요." (○)

과거의 상황을 들추지 말고 현재의 해결책만 담백하고 부드럽게 전달해 보세요. 말에 감정의 무게를 덜어 낼 때 비로소 상대는 당신의 말을 비난이 아닌 설명으로 받아들입니다.

말에서 감정의 무게를 덜어 내세요

똑같은 상황, 똑같은 정보를 전달하더라도 억양과 단어 선택에 힘을 빼면 전혀 다른 대화가 됩니다. 말에서 힘을 빼고 상대의 기분을 상하지 않게 하는 말하기는 연습이 필요합니다.

Case 1. 했던 말을 또 물어볼 때

답답한 마음에 '과거'를 강조하지 마세요.

[Before: 힘 들어간 말투]

"고객님, 그 부분은 제가 아까 말씀드렸던 부분인데요!"

[After: 힘을 뺀 말투]

"아, 그 부분 다시 한번 설명해 드릴게요. 이건 이렇게 진행되는 겁니다."

Case 2. 뻔한 정보를 물어볼 때

"찾아보면 다 있습니다."라는 핀잔 대신 정확한 '위치'를 안내하세요.

[Before: 힘 들어간 말투]

"상세 페이지 보시면 다 나와 있습니다."

[After: 힘을 뺀 말투]

"혹시 상세 페이지 중간쯤 보셨을까요? 거기에 자세한 스펙이 나와 있습니다."

Case 3. 간단한 조작법을 안내할 때

명령조가 아니라 권유조로 억양을 부드럽게 해 주세요.

[Before: 힘 들어간 말투]

"어플 첫 번째 페이지 들어가 보시겠어요?"

[After: 힘을 뺀 말투]

"어플 첫 번째 페이지에 들어가 보시면 오른쪽 상단에 메뉴가 보여요."

친절은 '내용'이 아니라 '온도'입니다

보통 우리는 "나는 틀린 말 한 적 없어. 다 맞는 말만 했어."라고 항변합니다. 하지만 대화에서 중요한 건 맞는 말이냐 아니냐가 아니라 그 말이 상대에게 어떻게 들리느냐, 어떻게 가닿았느냐입니다.

설명은 상대에게 정보를 던지는 것이 아니라 이해시키는 과정입니다. 상대방이 무언가 되물었을 때 답답한 마음에 목소리가 커지거나 억양에 날이 서려고 한다면 잠시 숨을 고르세요. 그리고 어깨와 목소리에 힘을 툭 빼 보세요. 당신의 말에서 힘이 빠지는 순간, 상대방의 마음속 방어벽도 함께 스러질 겁니다. 그때 비로소 당신의 설명은 친절한 가이드가 되어 상대에게 가닿을 거예요.

상대가 내 말을 못 알아듣는 건 내 설명에 감정이 섞여 있어서일지 모릅니다. 억양에서 답답해 하는 감정을 걷어 낼 때 말은 더 명확하게 전달됩니다.

"그게 아니고요오…, 제가아…"

신뢰를 갉아먹는 롤러코스터 억양

노래하지 말고 평조로 말하는 연습하기

참 착하고 성격도 좋은데 이상하게 일 관련 이야기를 할 때는 프로답지 않고 신뢰가 안 가는 사람이 주변에 있지 않나요? 말하는 내용은 분명 진지한데, 말투가 너무 가볍거나 산만하게 느껴지는 경우 말이에요.

"아, 그게 아니고요오 ╱ 제가아 ╱ 어제 확인을 했는데요오. ╱"

마치 롤러코스터를 탄 것처럼 말끝이 계속 올라갔다 내려갔다를 반복합니다. 우리는 흔히 이런 말투를 '노래하는 말투'라고 합니다. 친근감을 주기 위해 혹은 어색함을 없애기 위해 습관적으로 억양에 리듬을 넣는 거죠.

하지만 비즈니스 상황이나 중요한 대화에서 이런 불규칙한 억양은 치명적입니다. 듣는 사람은 이야기하는 내용보다 출렁이는 소리에 신경이 쓰여 피로감을 느끼고, 말하는 사람이 감정적으로 들떠 있거나 확신이 없다고 오해하게 됩니다.

뉴스를 진행하는 앵커들의 목소리를 떠올려 보세요. 그들의 목소리가 신뢰감 있게 들리는 이유는 감정을 덜어 내고 음의 높낮이를 일정하게 유지하는 평조, 즉 음의 일정한 구간에서 벗어나지 않은 말하기를 구사하기 때문입니다.

목소리의 무게중심을 잡는 '도-도-도-도' 훈련

제멋대로 널뛰는 억양을 잡으려면 말하기의 '기준음'을 정해야 하는데요. 가장 좋은 이미지는 피아노 건반입니다. 말을 할 때 '도-레-미-파-솔'로 음을 오르락내리락하지 말고 오직 '도'라는 건반 하나만 꾹꾹 눌러서 친다고 상상해 보세요.

"안(도)−녕(도)−하(도)−세(도)−요(도)."

처음엔 마치 로봇이 말하는 것 같아 어색할 겁니다. '너무 딱딱한 거 아니야?'라고 생각하실 수도 있어요. 하지만 이 연습의 목적은 항상 로봇처럼 말하라는 게 아닙니다. 이미 과하게 휜 활을 반대쪽으로 꺾어 균형을 맞추는 과정이죠.

말의 높낮이를 일직선으로 펴는 연습을 하면 들떠 있던 목소리에 묵직한 무게중심이 생깁니다. 그리고 그 무게감이 상대에게 안정감과 신뢰를 줍니다.

피아노 건반 누르기 실습

자, 이제 피아노 앞에 앉았다고 상상해 봅시다. 손가락으로 책상을 '톡, 톡, 톡, 톡' 두드리며 그 박자와 높이에 맞춰 문장을 읽어 보세요. 핵심은 음의 변화 없이 그리고 글자 하나하나를 또박또박 발음하는 겁니다.

Step 1. 인사말(가장 억양이 심한 구간)
보통 "안녕하세여어!╱" 하고 끝을 올리는 습관을 평조로 잡아 봅시다.

[Before: 롤러코스터 억양]
"안╱녕╲하세╱요오!╱"

[After: 평조 연습]
"안. 녕. 하. 세. 요." (도. 도. 도. 도. 도)

Step 2. 일상 대화(질문과 대답)
질문할 때 말꼬리를 올리지 않아도 충분히 물어볼 수 있습니다.

[Before: 롤러코스터 억양]

"밥 머거써요오? ↗ 오늘 날씨 좋네여어. ↗"

[After: 평조 연습]

"밥. 먹. 었. 어. 요?" (도. 도. 도. 도. 도)

"오. 늘. 날. 씨. 가. 좋. 네. 요." (도. 도. 도. 도. 도. 도. 도. 도)

Step 3. 업무 보고 및 지시

가장 중요한 순간입니다. 감정을 쫙 빼고 사실만 전달하세요.

[Before: 롤러코스터 억양]

"지금 출발하구여, ↗ 회의는 3시에 시작해여. ↗"

[After: 평조 연습]

"지. 금. 출. 발. 합. 니. 다." (도. 도. 도. 도. 도. 도. 도)

"회. 의. 는. 3. 시. 에. 시. 작. 해. 요." (도. 도. 도. 도. 도. 도. 도. 도. 도. 도)

말에도 다림질이 필요합니다

구겨진 셔츠를 입고 나가면 단정해 보이지 않듯이, 구겨지고 널뛰는 억양으로 말하면 마음이 정돈되어 보이지 않습니다. 특히 긴장하거나 잘 보이고 싶은 마음에 목소리 톤이 자꾸 붕붕 뜬다면 마음속으로 피아노 건반 하나를 떠올려 보세요. 그리고 그 건반을 꾹꾹 누르며 말해 보는 겁니다.

"책. 상. 위. 에. 서. 류. 놓. 았. 습. 니. 다."

이 일정한 리듬이 당신의 널뛰는 심장박동을 차분하게 만들어 줄 거예요. 그리고 듣는 사람은 '이 사람은 참 흔들림 없이 단단한 사람이구나'라고 생각할 거예요. 말끝이 올라가면 가벼워 보이고, 말끝이 평평하면 무거워 보입니다. 신뢰가 필요할 땐 노래하지 말고 '도도도도' 건반을 눌러 보세요.

차가운 의사 표현을
따뜻한 협력으로 바꾸는 쿠션어

업무 대화의 온도를 1도 높이는 한 끗

회사에서 업무를 하다 보면 유독 메신저나 메일을 받을 때 기분이 좋아지는 사람이 있습니다. 반대로, 틀린 말은 아닌데 묘하게 기분이 상하고, '이 사람 화났나?' 하고 오해하게 만드는 사람도 있죠. 왜 다르게 느껴지는 걸까요? 아마도 주고받는 말의 온도가 다르기 때문일 겁니다.

"내일 오전까지 보고서 주세요."
"저는 그 회의 참석 못 해요."
"그건 그냥 빼는 게 나을 것 같아요."

바쁜 업무 현장에서 우리는 종종 '효율성'이라는 명분 아래 빠른 의사 전달을 위해 주어와 서술어만 남은 건조한 말을 주고받습니다. 물론 의미는 전달되지만 듣는 사람은 존중받지 못한다는 느낌을 받거나 상대방을 차가운 사람으로 기억하기 쉽습니다.

그렇다고 해서 구구절절 미사여구를 늘어놔야 한다는 건 아닙니다. 쿠션어가 너무 과하면 오히려 핵심을 흐리고 프로답지 못한 인상을 줄 수 있기 때문이에요. 핵심은 명확하게 전달하되 그 말이 닿는 충격을 부드럽게 감싸 줄 쿠션어를 적재적소에 배치하는 게 중요합니다.

특히 부탁하거나 거절하거나 반대 의견을 낼 때 쿠션어가 있고 없고는 천지 차이입니다. 일 잘하는 사람은 팩트를 직구로 던지지 않습니다. '배려'에 담아 소프트볼같이 건넵니다. 거창한 말은 필요 없습니다. 상황에 딱 맞는 표현 몇 개만 기억하면 됩니다.

오늘부터 업무 메일을 쓰거나 대화할 때 딱 1초만 멈춰서 이 마법의 단어들을 문장 앞에 붙여 보는 건 어떨까요? 당신의 업무 능력에 '인격'이 하나 추가될 거예요. 쿠션어는 비굴한 언어가 아닙니다. 상대의 시간을 존중한다는 가장 세련된 표현입니다.

쿠션어로 상대의 시간을 존중해 주세요

쿠션어를 넣는다고 해서 무작정 죄송하다고 하거나 빙빙 돌려 말하지 마세요. 상황에 맞는 공식을 대입하면 예의 바르면서도 똑 부러지는 사람이 될 수 있습니다.

Case 1. 업무를 요청할 때

"이거 해주세요."는 명령이지만 앞에 가정법을 더하면 정중한 부탁이 됩니다. 상대의 상황을 먼저 헤아린다는 뉘앙스를 풍기는 게 핵심입니다.

['바쁘시겠지만' 화법]

"바쁘시겠지만/번거로우시겠지만 자료 검토 부탁드려도 될까요?"
"혹시 시간 괜찮으시면/여유 있으실 때 이 부분 확인 부탁드립니다."

상대도 바쁘다는 걸 내가 알고 있다는 신호를 주는 거예요. '번거롭겠지만'이라는 한마디는 상대의 수고를 먼저 인정하고 양해를 구하는 표현입니다.

Case 2. 거절해야 할 때

비즈니스에서 가장 어려운 상황 중 하나가 거절입니다. 거절의 대상이 '당신'이 아니라 '상황' 때문임을 명확히 해야 관계가 상하지 않습니다.

['지금은 어렵습니다' 화법]

"너무 아쉽지만/좋은 기회인데 이번에는 어려울 것 같습니다."
"도와드리고 싶지만/마음은 정말 감사하지만 일정상 힘들 것 같네요."
"안타깝게도, 현재로서는 진행이 어렵습니다."

단칼에 "안 돼요."라고 자르는 대신 '나도 돕고 싶은데 상황이 안 따라준다'라는 아쉬움을 표현하세요. 거절은 단호하게 하되 태도는 부드러워야 합니다.

Case 3. 다른 의견을 낼 때

회의 시간에 "그건 아닙니다."라고 말하면 감정싸움으로 번지기 십상입니다. 상대의 의견을 먼저 인정하고 그다음에 내 의견을 덧붙이세요.

['그 말도 맞습니다만' 화법]

"조심스럽게 말씀드리면/제 생각을 덧붙이면 이렇습니다."
"일리가 있습니다만/분명히 장점이 있지만 저는 이 점이 우려됩니다."
"그렇게 생각하실 수 있겠지만 리스크 관리 측면에서는….'

'네 말이 틀렸다'가 아니라 '네 말도 맞지만 이런 관점도 있다'라고 접근해야 상대가 방어적인 태도 없이 내 의견을 듣습니다.

Bonus Tip. 말끝만 바꿔도 품격이 달라집니다

쿠션어로 시작했다면 마무리도 깔끔하게 정리해 주세요. 비즈니스 문장의 끝을 맺는 어미 세 가지만 기억해도 프로다운 느낌을 줄 수 있습니다.

1. "…해 주시면 감사하겠습니다." (가장 정중한 요청)
예: "자료를 내일까지 검토해 주시면 감사하겠습니다."
※ "해 주세요."보다 훨씬 존중받는 느낌을 줍니다.

2. "부탁드립니다." (깔끔한 업무 지시)
예: "회의실 예약 부탁드립니다."
※ 군더더기 없이 명확하게 업무를 맡길 때 좋습니다.

말투가 곧 당신의 업무 능력입니다

어떤 분들은 "일만 잘하면 되지, 말투가 뭐가 중요해?"라고 생각할 수도 있습니다. 하지만 회사는 혼자 일하는 곳이 아닙니다. 협업이 필수인 공간에서 함께 일하고 싶은 말투, 소통이 편안한 말투를 쓰는 사람은 그 자체로 엄청난 경쟁력을 갖습니다. 똑같은 요청이라도 "시간 되실 때 부탁드립니다."라고 말하는 사람에게는 시간을 짜내서라도 빨리, 하나라도 더 챙겨 주고 싶은 게 사람 마음이니까요.

오늘부터 메신저 전송 버튼을 누르기 전에 딱 한 번만 점검해 보세요. 내 문장 앞에 상대의 마음을 받아 줄 쿠션이 놓여 있는지 말이에요. 그 작은 배려가 쌓여 당신을 '일도 잘하는데 센스까지 있는 사람'으로 만들어 줄 거예요.

매너는 전략입니다. 부드러운 말투는 가장 적은 비용으로 가장 큰 협력을 끌어냅니다. 시작은 쿠션어로 부드럽게, 끝은 정중한 어미로 깔끔하게. 이것이 프로의 언어입니다.

"과장님, 저… 기획안…."

기어드는 목소리를 살리는
'앞 글자'의 힘

자신감 있는 말투는 첫음절의 타격감에서 나온다

영상과 함께
확인해 주세요!

직장 생활을 하거나 면접을 할때 종종 '내용은 100점인데 전달력이 0점'인 안타까운 경우를 목격합니다.

"과장님, 기획안 전달하겠습니다…."

"과장님, 보고할 사항이 있는데요…."

"제 지원 동기를 말씀드리겠습니다…."

분명 준비를 많이 했는데 이상하게 말끝이 흐려지고 목소리에 맥이 없습니다. 듣는 사람은 '이 친구 자신감이 없나?', '내용에 확신이 없나?' 하는 의구심이 들죠. 본인은 크게 말하려고 애쓰지만 소리가 입안에서만 맴돌 뿐 밖으로 시원하게 뻗어 가지 못합니다. 자신감 없는 말투는 성격 탓이 아닙니다. 단어의 시작점을 누르지 않아서 생기는 습관일 뿐입니다.

이런 기운 없는 말투의 가장 큰 특징은 문장의 모든 단어를 똑같은 힘으로 혹은 점점 약해지는 힘으로 나열하듯 말한다는 점입니다. 마치 바람 빠진 풍선처럼 소리가 줄줄 새어 나가는 느낌이죠. 이 문제를 해결하기 위해 복식호흡을 배우거나 소리를 키우는 훈련을 하면 도움이 될 수 있지만, 빠른 개선을 위해서는 아주 간단한 원리 하나만 기억하면 됩니다. 바로 문장을 어절(단어 덩어리)로 쪼개고, 그 시작인 앞 글자를 강하게 눌러 말하는 겁니다.

문장은 길게 늘어뜨린 실타래가 아니라 단어와 단어의 연결이라는 점을 머릿속으로 떠올리면서 각 단어의 첫머리에 액셀을 밟듯 힘을 줘 발음해 보세요.

"과장님." → "과장님."

"기획안." → "기획안."

"전달하겠습니다." → "전달하겠습니다."

첫 글자에 힘이 들어가면 자연스레 입이 크게 벌어지고, 호흡이 배에서 올라와 소리에 탄력이 생깁니다. 이러한 리듬감이 생기는 순간 축 처져 있던 말투는 순식간에 단단하고 야무진 말투로 변신합니다. 문장의 엔진은 첫 글자에 있습니다. 시동을 걸듯 첫음절을 꾹 눌러 주세요.

흐물흐물한 문장에 뼈대를 세워 보세요

    연습 방법은 간단합니다. 평소 말하던 문장을 띄어쓰기 단위로 끊고, 첫 글자에 스타카토를 찍듯 강세를 넣어 읽어 보세요.

Case 1. 상사에게 보고할 때

평소 말투에 힘이 없다면 첫 글자를 과장되게 찍어 누른다는 느낌으로 말해 보세요. 첫 글자를 세게 말하면 뒤따라오는 글자들은 알아서 힘을 받습니다.

[Before: 기운 없는 말투]

"과장님…, 기획안… 전달하겠습니다…."

[After: 앞 글자에 강세를 넣은 말투]

"과장님, 기획안 전달하겠습니다."

[Before: 기운 없는 말투]

"과장님…, 저… 보고할 사항이 있는데요…."

[After: 앞 글자에 강세를 넣은 말투]

"과장님, 보고할 사항이 있습니다."

Case 2. 면접이나 자기소개를 할 때

면접관은 수백 명의 목소리를 듣습니다. 첫음절이 명확하지 않으면 귀에 꽂히지 않습니다.

> **[Before: 기운 없는 말투]**
>
> "제 지원 동기를 말씀드리겠습니다…."
>
> **[After: 앞 글자에 강세를 넣은 말투]**
>
> "제 지원 동기를 말씀드리겠습니다."

말하기는 '리듬'을 타는 것

많은 분이 또박또박 말하기 위해 모든 글자에 힘을 주는 실수를 저지르곤 합니다.

"과!장!님! 기!획!안!"

하지만 이렇게 말하면 로봇이 말하는 것처럼 부자연스럽고 듣는 사람도 피곤해집니다. 자신감 있는 말투의 핵심은 강약 조절입니다. 파도가 칠 때 처음이 가장 높고 뒤로 갈수록 잔잔해지듯, 말도 '강(첫 글자)-약(나머지)'의 리듬을 타야 합니다. 단어의 주인인 첫 글자만 대우해 주세요.

지금 당장 옆에 있는 책이나 문서를 펴 보세요. 그리고 눈에 보이는 문장을 어절 단위로 끊고, 첫 글자만 꾹꾹 눌러서 소리 내어 읽어 보세요.

"오늘은 날씨가 참 좋습니다."

단 1분만 연습해도 느껴질 겁니다. 내 배에 힘이 들어가고 목소리가 앞으로 뻗어 나가고 있다는 것을요. 그 앞 글자의 힘이 당신을 언제 어디서나 당당하게 말하는 사람으로 만들어 줄 겁니다. 문장을 단어 단위로 끊으세요. 그리고 첫 글자를 강하게 말하면 자신감이 살아 납니다.

"저가 전화했는데요?"

듣는 순간 신뢰가 떨어지는 단어 '저가'

표준어로 완성되는 품격 있는 비즈니스 화법

거래처와 통화하거나 회의를 할 때 묘하게 방어하는 듯 느껴지거나 프로답지 않게 들리는 말투가 있습니다.

"저가 아까 전화했는데 안 받으시더라고요."

"그 부분은 저가 이미 확인했습니다."

"저가 이번 프로젝트를 맡게 되었습니다."

혹시 위 문장에서 어색함을 느끼셨나요? 만약 아무런 위화감을 느끼지 못했다면 당신도 무의식적으로 이 말투를 쓰고 있을 확률이 높습니다.

'저가'라는 표현은 일상생활에서, 특히 가까운 사이에서는 자연스럽게 쓰이기도 합니다. 하지만 공식적인 자리나 비즈니스 현장에서는 이야기가 다릅니다. 듣는 사람에게 '준비되지 않은 느낌' 혹은 '세련되지 못한 인상'을 주기 때문입니다.

왜 그럴까요? 국립국어원 표준어 규정에 따르면 1인칭 대명사 '저'(자신을 낮추는 말) 뒤에 주격 조사 '가'가 붙으면 '제가'로 변형되는 것이 원칙입니다. 즉 '저+가=제가'가 맞는 표현입니다. 우리가 흔히 알고 있었듯이 '저가'는 겸손한 표현이 아닙니다. 문법의 옷을 잘못 입은 '사투리'의 잔재입니다.

'저가'는 '저'와 '가'를 소리 나는 대로 이어서 발음한 구어체 표현 또는 특정 지역 방언에서 유래한 말투입니다. 문법적으로 완전히 틀렸다고 할 순 없지만 표준어가 아니기에 공적인 느낌이 떨어지는 것은 사실입니다. 그래서 회사나 공적 관계에서는 이런 말투를 가능하면 쓰지 말아야 합니다.

특히 면접, 발표, 중요한 미팅처럼 나를 증명해야 하는 자리에서 "저가요…."라고 말문을 여는 순간 상대방은 무의식적으로 당신을 동네 친구나 후배처럼 가볍게 인식하게 됩니다. 말의 내용이 아무리 훌륭해도 말투가 격식에 맞지 않으면 가치는 반감됩니다. 격식 있는 자리에서 표준어는 선택이 아니라 신뢰를 얻기 위한 가장 기본적인 드레스 코드입니다.

습관이 무서운 법이라 입에 붙은 말을 떼어 내기가 쉽지는 않을 거예요. 하지만 이 작은 글자 하나만 바꿔도 당신의 이미지는 훨씬 스마트해집니다.

'저가'를 '제가'로 바꾸는 신뢰 상승 트레이닝

공식적인 자리(회의, 전화, 메일)에서는 무조건 '제가'를 쓴다는 원칙을 세우세요. 'ㅓ'와 'ㅔ'의 한 끗 차이가 품격을 가릅니다.

Solution. 공식적 자리에서는 무조건 '제가' 쓰기

[Before: 방언투]

"저가 이거 다 확인했는데요."

[After: 표준어]

"제가 해당 내용을 꼼꼼히 확인했습니다."

[Before: 방언투]

"저가 말씀드린 건 그게 아니고요."

"저가 이거 진짜 좋아하거든요."

[After: 표준어]

"제가 말씀드린 핵심은 이렇습니다."

"제가 개인적으로 정말 선호하는 제안입니다."

사소한 맞춤법이 당신의 이미지를 결정합니다

우리는 종종 "내용만 잘 전달하면 됐지, '저가'나 '제가'나 그게 그거 아닌가?"라고 반문합니다. 하지만 비즈니스 커뮤니케이션에서 디테일은 곧 그 사람의 실력입니다. 중요한 계약서에 오타가 있으면 불안하고 신뢰가 떨어지듯 말에서의 문법적 오류는 상대방에게 미세한 불안감을 심어 줍니다.

'저가'를 '제가'로 바꾸는 것은 헐렁한 트레이닝복을 벗고 몸에 딱 맞는 정장으로 갈아입는 것과 같습니다. 당신이 아무리 일을 잘하고 성실해도 입을 열 때마다 "저가요…"라는 말이 튀어나온다면 당신은 영원히 '일 잘하는 동네 형/누나' 이미지에 머물지도 모릅니다. 이제 그 친근함은 잠시 두고 공적인 자리에서는 단단한 표준어로 무장하세요.

"제가 하겠습니다." "제가 책임지겠습니다." 이 명료한 '제가'라는 두 글자가 당신을 믿음직한 프로로 각인시키는 가장 강력한 명함이 될 것입니다.

회의는 화기애애했는데
결과는 엉망인 이유

'짐작'을 '확신'으로 바꾸는 P.P 법칙

팀장님과 한 시간 동안 열띤 회의를 했습니다. 분위기도 좋았고 서로 "오케이, 좋았어!" 하며 마무리했죠. 그런데 사흘 뒤 가져간 결과물을 보고 팀장님이 황당하다는 표정으로 말합니다.

"이 대리, 이게 뭐야? 우리가 얘기한 건 A가 아니라 B였잖아."

"네? 분명히 그때 A 방향이 좋다고 하셨잖아요…?"

서로의 기억이 다릅니다. 회의를 녹음하거나 녹화하지도 않았으니 답답하죠. 도대체 범인은 누구일까요? 다르게 설명한 팀장님? 아니면 잘못 알아들은 나?

사실 범인은 팀장님도 나도 아닌 '짐작'입니다. 우리는 대화할 때 상대의 말을 100퍼센트 이해해서 끄덕이는 게 아니라 대충 '이런 뜻이겠지' 하고 짐작해서 끄덕일 때가 상당히 많습니다. 이 짐작의 틈새로 오해가 자라나고, 결국 기억의 간극이 생깁니다. 업무에서는 시간 낭비와 재작업이라는 재앙으로 이어지죠.

짐작을 확신으로 바꾸는 'P.P 법칙'

업무 지시를 받거나 회의를 마칠 때 별다른 행동 없이 "네, 알겠습니다."라고 말하고 바로 자리로 돌아가시나요? 그렇다면 당신은 시한폭탄을 안고 돌아가는 겁니다. 오해를 0퍼센트로 만드는 소통의 안전벨트 'P.P$_{\text{Paraphrase/Plan}}$ 법칙'을 활용해 보세요.

1. Paraphrase(요약/재진술): 상대의 말을 내 언어로 바꿔서 확인하는 과정입니다. "잘 들었습니다."가 아니라 "제가 이해한 게 맞는지 확인해 보겠습니다." 라고 되물어야 합니다. 이 과정에서 서로 다른 그림을 그리고 있었다면 즉시 수정할 수 있습니다.

2. Plan(구체적 계획): 이해한 내용을 바탕으로 언제, 무엇을 할 것인지 행동 계획을 선언하는 것입니다. 추상적인 회의 내용을 실행 가능한 현실로 확정 짓는 단계입니다.

두 단계를 거치지 않고 넘어가는 건 목적지를 내비게이션에 찍지 않고 '대충 부산 쪽으로 가면 되겠지' 하고 운전하는 것과 같습니다.

'더블 체크'로 일잘러 인정을 받으세요

"네, 알겠습니다."라는 영혼 없는 대답 대신 P.P 법칙을 적용하면 상사는 당신을 일머리 좋은 사람으로 기억할 겁니다.

Case 1. 모호한 업무 지시를 받았을 때

상사의 말이 추상적일수록 내가 구체적으로 좁혀야 합니다.

[Before: 짐작하기]

팀장: 이번 기획안, 좀 세련되게 다듬어 봐.

나: 네, 알겠습니다! (세련된 게 도대체 뭐지?)

[After: P.P 법칙]

팀장: 이번 기획안, 좀 세련되게 다듬어 봐.

나: 팀장님, 말씀하신 '세련되게'라는 게 디자인보다는 문구를 좀 더 트렌디하게 바꾸라는 말씀 맞을까요? (Paraphrase) 알겠습니다. 그럼 경쟁사 최근 카피 레퍼런스를 조사해서 내일 오전까지 문구 수정안 세 가지 보고드리겠습니다. (Plan)

Case 2. 회의를 마무리할 때

회의록을 쓰기 전 구두로 먼저 합의를 보세요.

[Before: 짐작하기]

동료들: 그래, 그럼 이런 방향으로 가자. 수고했어!

나: 네, 수고하셨습니다. (그래서 누가 어떤 방향으로 간다는 거지?)

[After: P.P 법칙]

동료들: 그래, 그럼 이런 방향으로 가자. 수고했어!

나: 잠시만요. 이번 타깃은 20대가 아니라 30대 직장인으로 좁히는 방향으로 결정된 거죠? (Paraphrase) 그럼 제가 오늘 중으로 타깃 분석 자료 정리해서 공유하고, 김 대리님이 이번 주까지 디자인 시안 잡아 주시는 걸로 정리하겠습니다. (Plan)

Case 3. 협업 부서와 소통할 때

타 부서는 우리 팀의 사정을 모릅니다. 기한과 범위를 명확히 하세요.

[Before: 짐작하기]

타 부서: 데이터 좀 빨리 부탁드려요.

나: 네, 보내드릴게요. (무얼 언제 보내드려야 한다는 거지?)

[After: P.P 법칙]

타 부서: 데이터 좀 빨리 부탁드려요.

나: 요청하신 데이터가 지난달 월간 활성 사용자 수(MAU) 지표 말씀하시는 거죠? (Paraphrase) 지금 추출 중이라 오늘 오후 3시 전까지 메일로 발송해 드리겠습니다. (Plan)

질문은 시간 낭비가 아닙니다

상사에게 되묻는 것이 내 업무 능력이 떨어져 보이게 하거나 귀찮게 하는 걸로 느껴질까 봐 걱정할 수 있습니다. 하지만 그렇지 않습니다. 재차 확인하고 정리해서 말하는, 유능하고 일머리 좋은 이미지를 줄 것입니다. 오히려 엉뚱한 결과물을 들고 와서 며칠을 허비하는 것이야말로 일의 흐름을 늦추고 동료에게 부담을 주는 겁니다. 3분의 확인이 3일의 야근을 막아 줍니다. 업무를 받을 땐 두 가지만 기억하세요.

"제가 이해한 게 맞나요?"(요약/재진술)

"그럼 언제까지 이렇게 하겠습니다."(계획)

이 똑똑한 되물음이 당신의 퇴근 시간을 지켜 줄 거예요.

완벽하지 않아도 괜찮습니다,
우리는 여전히 '말'을 배우는 중이니까요

마지막 원고의 마침표를 찍는 지금, 저는 안도감보다는 부끄러움이 먼저 앞섭니다. 말하기에 관한 책을 쓰고 강연을 하는 사람으로서 많은 사람에게 조언을 건네 왔지만, 정작 저의 지난날을 되돌아보면 얼굴이 화끈거리는 순간들이 참 많았기 때문입니다.

저 역시 바쁘다는 핑계로 소중한 사람의 전화를 건성으로 받은 적이 있고, 감정이 앞서서 상대의 말허리를 툭 끊어 버린 적도 있습니다. "솔직히 말해서….'라며 무례한 말을 던지기도 했고, 가까운 사이라는 이유로 "그걸 떠나서….'라며 친구의 서운함을 외면했던 순간들도 있습니다. 그래서 이 책을 집필하는 시간은 독자 여러분에게 전하는 메시지인 동시에 저 자신에게 보내는 뼈아픈 반성문이자 다짐의 시간이기도 했습니다.

이 책을 통해 제가 전하고 싶었던 이야기는 유창하게 말을 잘하는 기술이 아니었습니다. 화려한 언변으로 좌중을 휘어잡거나 아나운서처럼 정확한 발음을 구사하는 것보다 중요한 건 말 한마디에 담긴 온기와 품격이라는 사실을 나누고 싶었습니다.

우리는 살면서 수만 마디의 말을 뱉지만 결국 관계를 살리고 사람을 남기는 건 거창한 연설이 아니었습니다. "많이 힘들었지?"라고 물어봐 주는 따뜻한 질문 하나, "잠시만 기다려 줄래?"라며 시간을 버는 정중한 태도 하나 그리고 상대의 변화를 알아봐 주는 다정한 눈길 하나였습니다. 이 사소한 말과 몸짓들이 모여 한 사람의 인격을 만들고, 그 인격이 결국 우리의 인생을 이끌어 간다는 것을 다시금 확인했습니다.

물론 이 책을 다 읽었다고 해서 내일부터 당장 우리의 말하기가 완벽해지지는 않을 겁니다. 우리는 여전히 실수할 것이고, 욱하는 마음에 뾰족한 말을 뱉어 놓고는 이불 속에서 후회할지도 모릅니다. 하지만 괜찮습니다. 말하기는 자전거를 배우는 것과 같아서 넘어지고 비틀거리는 과정을 겪어야만 비로소 중심을 잡을 수 있기 때문입니다. 중요한 것은 실수하지 않는 것이 아니라 실수했음을 알아차리고 바꾸려는 태도입니다.

'아, 방금 내가 부정적인 부사를 너무 많이 썼구나.'

'아, 아까 그 말은 상대가 듣기에 좀 서운했겠다.'

이렇게 자기 자신을 돌아보고 다음번에는 조금 더 나은 단어를 고르려고 노력하는 마음, 배우는 과정 자체가 우리를 어제보다 더 나은 사람으로 만들어 준다고 믿습니다. 우리는 완성된 존재가 아니라 매일 조금씩 다듬어져 가는 존재니까요.

여기까지 함께해 주신 독자 여러분께 진심으로 깊은 감사를 드립니다. 자신의 말투를 돌아보고 더 좋은 대화를 나누고 싶어 이 책을 집어 든 분이라면 이미 따뜻하고 사려 깊은 분들일 겁니다. 타인을 배려하려는 그 고운 마음이 있었기에 이 긴 이야기를 끝까지 함께하실 수 있었을 테니까요.

이 책이 여러분의 일상 속 대화에서 작은 나침반이 되었으면 좋겠습니다. 때로는 말문이 막힐 때, 때로는 관계가 꼬여 답답할 때 책장에서 집어 든 이 책의 한 구절이 여러분의 대화에 지혜를, 마음에는 평안을 선물하기를 소망합니다.

오늘 당신이 건넨 다정한 말 한마디가 누군가의 곁에 오래 머무를 겁니다. 고맙습니다.